現代中国悪女列伝

福島香織

文春新書

946

はじめに

中国は美女が多い。そして悪女も多い。歴史的に名を残すのは善女より圧倒的に悪女である。西周最後の王・幽王の妃である褒姒《ほうじ》、春秋時代の驪姫《りき》、夏姫《かき》のような傾城禍水の美女、秦始皇帝の母親・趙妃、中国三大悪女と称される呂后、則天武后、西太后……。見ようによれば悲劇のヒロインとして物語となった楊貴妃も西施も、国を滅ぼす元凶という点で悪女かもしれない。近代になれば毛沢東の妻・江青が悪女の筆頭だろう。だが林彪の妻・葉群も勝るとも劣らないワルのようでもある。悪女、悪女というが中国においてはそう呼ばれるためには、およそ四つの条件があるそうだ。

一、美女である。
二、才媛である。
三、世間を驚愕させる事件を起こす。
四、政治権力とかかわりがある。

つまり美人で、頭もよくなければ悪女にはなれない。魅力のない女は悪女とは呼ばれない。

魅力のある女は金と権力を呼び寄せる。だからこそ、世の中を驚愕させ、ゆすぶり、時代を変えるきっかけとなる事件をひき起こすのだ。時代の変わり目に、悪女たちは活躍する。

さて、現代中国が今、ひとつの転換期を迎えている。共産党政権の求心力が落ち、経済成長に陰りが見え、巷には庶民の不満が渦巻き、ちょっとしたきっかけで官民衝突が発生している。「中国台頭の終焉」あるいは「中国の終わりの始まり」の時期に来たと感じている人も多いようだ。こういう時代にやはり、目を見張る悪女たちが世間をにぎわしている。

日本にこんなにたくさん悪女がいるだろうか。北条政子、阿野廉子《あのれんし》、日野富子は日本三大悪女といわれるが、王朝や政府を転覆させたこともない彼女らは中国的スケールから見れば悪女には入るまい。比較的最近の社会ニュースをにぎわせた木嶋佳苗被告が稀代の毒婦のように報道されているが、この種の犯罪においても、中国女性が犯す事件の方が恐ろしい。なぜ中国の悪女はこれほどすさまじいか。彼女らが登場する背景に何があるのか。そして、なぜ中国の悪女たちはかくも魅力的であるか。

中国古典の中の悪女は、おそらく私よりずっと詳しい人がおられよう。ここでは現代の中国悪女事件についてとりあげたい。彼女たちはなぜ悪女になったのか。

本書では公式メディアで報道されている内容、香港で出版されている数多くのゴシップ的内幕暴露本、海外紙誌で関係者が証言していることなどを整理し、少々の憶測もまじえて、彼女らの人生やその背景を紹介したい。そして考えてみたい。日本ではほとんどお目にかかることもない政治的な悪女・妖婦たちがなぜ中国でかくも多く登場するのか。そんな悪女たちが次々と起こす事件を知り彼女らの素顔に迫ることは、中国という国の本質に迫ることにも通じると思うからである。

（本書はすべて敬称略）

現代中国悪女列伝◎目次

第1章　江青の系譜を継ぐ正統派悪女——谷開来

姓を変える意味は

「被告人・薄谷開来《はくこくかいらい》、元の名、谷開来および息子・薄瓜瓜《かか》と英国公民・ニール・ヘイウッドは経済利益関係において矛盾を生じさせ、薄谷開来はヘイウッドが息子・薄瓜瓜の身の安全に危害を及ぼすと恐れ、被告人・張暁軍と共謀しヘイウッドを殺害した……」

二〇一三年八月九日、安徽省合肥市中級人民法院での開来の初公判において、裁判長が起訴状を読みあげると、約一四〇人の関係者や証人、傍聴人が入った法廷内でざわめきが起きた。その犯行の悪辣さへの驚きばかりではなく、谷開来の名前の頭に夫・薄熙来《きらい》の姓が付け加えられていたからだ。中国では妻の名前の頭に夫の姓をつけて呼ぶ流行は一九四九年以降、起きていない。中国の伝統では妻の姓は結婚しても変わらない。その習慣が異なるのは、婚姻によって姓が変わる欧米世界の影響を色濃く受けた香港やシンガポールの華人社会ぐらいである。この裁判以降、新華社や中央電視台（中央テレビ、ＣＣＴＶ）など中国公式メディアにおける開来の呼称は薄谷開来に統一されるようになったが、これは異例のことだった。

彼女の名はなぜ、薄谷開来となったのか。

本来の名は谷開来。中国共産党政権の元老・薄一波《いっぱ》の息子であり、一時は党中央指導者の座を奪うのではないかと目された野心あふれた政治家・薄熙来の妻。重慶市の書記であり中央政治局委員でもある党中央幹部の妻でありながら、英国人を殺害するという大罪を犯した。最近の中国悪女の中でひときわ存在感を放ち、「江青以来の悪女」という形容を使う人も多い。

中国において姓名は深い意味を持つ。開来という名は、決して優雅な女性的な名前ではない。もともとは望麗という女らしい名前が付けられていた。文化大革命のとき、時代にあった名前を、と父が開莱と改名した。当時、麗しすぎる名前は、攻撃の理由にもなったからだ。莱は、休耕中で雑草の茂った田を意味する漢字だという。開莱とは、荒廃した田を耕し豊かな中国社会を築く人材たれ、という意味である。

彼女は北京大学に進学するとき、名を自ら「開来」と変えた。なぜなら彼女の目標は荒れた田畑を豊かにする以上にもっと遠くの未来を見据えるようになったからだ。改名することで権力の覇道を、草木をなぎ倒してまで突き進む覚悟を示した、とも伝えられている。

その覇道を突き進んだ終着点が、英国人実業家ニール・ヘイウッド殺害事件の主犯容疑の被告として立った法廷だった。そこに立ったとき、彼女は再び名を変えた。

中国では女性は婚姻しても実家の姓を名乗る権利がある、と婚姻法で定められている。だが、その本当に意味するところは、妻は結婚しても婚家の一族の正式な一員になれない、という中華的価値観である。婚家において永遠の部外者、永遠の敵。それが中国における妻の立場である。

突然の改姓は、開来が薄一族の一員として裁判に臨むという意志なのだろうか。彼女の犯した大罪はすべて夫・薄熙来のためであったと言いたいがために？　そこに、私は開来の、決してすべては窺いしれないながらも、夫への愛と憎しみ、政治的サラブレッドの血筋に対する執着、権力への欲望を垣間見た気がした。

七時間の審理をへて、判決は八月二〇日に言い渡された。死緩（執行猶予付き死刑）判決。死緩というのは執行猶予の二年間、反省の意が認められた場合に無期懲役に切り替わる中国独特の刑罰で、「本当ならば死刑になるところだが情状酌量の余地があるから見逃してやる」というニュアンスがある。中国直轄市書記で一時は副首相になるか、政治局常務委（党中央指導部）入りするかと噂された政治家・薄熙来の妻、しかも敏腕弁護士の誉れ高い彼女が、金銭トラブルで外国人の計画殺人に主犯として関わるという前代未聞のスキャンダラスな事件の結末としては軽めの判決だ。

しかも六〇億ドル以上と推測されるヤミ送金の背景も裁判では明らかにされず、薄熙来の関与にもふれられなかった。これは彼女の政治的背景と、第一八回党大会を前にした権力暗闘も関係があると見られているが、何か重要な真実を隠したまま行われた政治ショー的な意図も感じられた。そもそも、公判をなぜ安徽省合肥市で行ったか。開来の原籍地の山西省でもなく、中央・北京でもなく、主要な汚職の舞台の大連でもなく、殺害現場の重慶でもない。理由として考えられるのは、安徽省が当時の国家主席・胡錦濤の原籍地であり、裁判の成り行きに強い影響力を行使できるという点だけである。

法廷にはテレビカメラが入った。画面に映った谷の顔は、浮腫《むくみ》でムーンフェイスのように膨らみ、そのせいで美容整形の古傷があらわになっていた。あまりに人相が違うので、一時は身代わり説まで流れたほどだ。だがギラギラした挑戦的な目は昔のままの谷開来だった。その目を見て私は、記録フィルムで見たことのある裁判で悪態をつく江青の目を思い出した。

彼女はどのような人生を歩んできたのか。

反右派闘争の嵐の中で生まれた

「あそこの肉屋の娘はまだ小学生で、なかなか可愛い顔をしているのに、重い肉切り包丁を片手で、ダン！　って振り上げて肉を切るんだ。その切り分けかたが見事なほど正確でね」

一九七一年当時の北京の某区副食品店界隈で、こんな評判がたっていた。ときは文化大革命最中。林彪事件のあと、反革命罪で投獄された共産党幹部の子弟子女らに対する風当たりが若干緩んだころである。この評判の肉屋の娘こそ、開来だった。

開来の父・谷景生は一九一三年、山西省臨猗《りんい》県北景郷羅村で生まれた。太原第一中学でマルクス主義に啓蒙され、一九三二年から北平（北京）の大学に行くも、左翼作家聯盟（左聯）や反帝大同盟などの共産党外郭組織に参加、革命家への道を歩む。やがて共産主義青年団、共産党に正式加入し、抗日同盟軍第五師宣伝科長、共青団北平市委書記などの要職を経て、革命軍に参加、最終的には少将の階級で省軍区政治委員まで出世した。北平市の共産党臨時委員会書記時代の一九三五年一二月九日に起こった青年たちの抗日愛国運動、一二・九運動にも積極的に参加し、二〇〇四年に没した後の追悼文集には「中国革命史に巨大な影響を与えた一二・九運動の指導者の一人」と称えられた英雄である。

母親は範承秀。一九二二年生まれ。十四歳で革命に参加し、遊撃隊長として活躍。中国共産党マルクス・レーニン学院で四年学んだのち、谷景生に望まれて嫁いだ。谷は妻について「活きた宝石」「活きた文物」とその能力を高く評価し、北宋の著名政治家で軍事家の範仲淹の子孫に違いない、と言っていたという。

開来は、筋金入りの共産党員であり、高い知性と深い思想を持ち合わせたこの両親の間に五番目の娘として、北京で生まれた。彼女の生年ははっきりしていない。起訴状には一九五八年一一月一五日生まれとあるが、一九六〇年生まれという説もある。前者は北京大学入学記録をもとにしており、後者は谷開来弁護士事務所の登記にある生年月日だ。本当は一九五六年一一月一五日生まれと言われている（本書ではこの説に従う）。

四人の姉たちはそれぞれ谷望江、谷政協、谷望寧（呼び名は小寧）、谷丹（呼び名は小妹）という。五番目に生まれた彼女は望麗と名付けられ、小麗と呼ばれた。本来なら革命家庭に生まれ大切に育てられる末娘のはずだった。

だが彼女の生まれた翌年、長引く景気の悪化に続いて、「反右派闘争」の嵐が吹き始める。約五五万人が犠牲となったと言われる毛沢東の発動する事実上の反体制狩りである。この嵐は谷家を直撃した。母親・範承秀が北京市委党校で若者のために講演を行ったとき、うっかり「右派」と「反党集団」を一緒くたに語る、政治的失言を犯してしまった。谷景生がちょうど国防部の要職についたばかりの重要な時期だった。この舌禍が夫に及ぶことを心配した軍は谷に離婚を勧め、妻の範も夫の身を案じてこれを望む。

だが谷はこう言って拒絶した。「妻は十五歳で入党し、マルクス・レーニン学院を卒業し、戦争においては何度も死線をくぐり抜けてきました。彼女は党にすべてを捧げてきたのです。彼女が党に背いたというなら、それは天をも欺く冤罪です。私が彼女を見捨てれば、彼女の人生は絶たれるでしょう。私の身柄については、党組織は思うまま処置されたがよい」。この結果、谷は降格処分され、政治権力の中枢から離れることになった。

小麗こと開来はこの反右派闘争中の母親の舌禍事件により幼少期、対応に奔走する両親から十分に愛情を受けることがかなわず、発育が遅かったという。小学校には一年遅れて入学した。背は大人になっても一六〇センチに届いていない。体が小さいことがコンプレックスだった。

また、当時は必ずしも素晴らしい美人というわけではなかった。写真をみれば、愛嬌のある可愛い顔だが、えらがはり顔幅が広い。彼女の大人になってからの美しいうりざね顔は、美容整形手術のたまものである。成績もあまりよくなかった。開国の将軍の娘であるというプライドの高さとは裏腹に、顔や背の低さ、成績からくるコンプレックスに悩み、友人たちの前では、ついつい、自分を良く見せようとホラを吹いたり、嘘をついたりすることもあった。そういう彼女を同級生たちは冷ややかに見ており小学校、中学校時代は孤独でさびしいものであったと伝えられている。

文革の嵐の中ではぐくまれたコンプレックスとプライド

やがて文化大革命がはじまる。両親は、反右派闘争時代の経験もあって政治的迫害や攻撃がどこから来るかも分からないと思い、望麗を開莱という文革時代に合った名前に変えた。その後、両親は反革命罪で投獄されたため、やがて四人の姉たちは農村に下放され、開来は北京の某区房管所（宿舎管理所）で働くことになった。彼女が小学校三年の時、一九六七年二月のことである。投獄される前に谷景生が娘たちに書いた手紙が残っている。さまざまな書籍に引用されているが、谷景生の人柄を感じさせる愛情あふれた文面だった。娘たちが紅衛兵に参加する資格がないことを歓び、学校に行けなくても勉強を続けるようにと励まし、「父母とも無罪です。子供たちよ、あなた方も無辜《むこ》です。だから顔をあげて、胸を張って、街を歩いてください。大勢の人の中でも堂々としていなさい」と言い残して、その後七八年まで投獄生活に入るのである。

開来は小学校の勉強は中断し、宿舎のレンガを作る仕事に従事した。小柄な彼女にはその重労働は耐えがたいものであった。林彪が死亡した後、迫害は若干和らぎ、彼女は、比較的楽な副食品店での仕事にまわしてもらえた。

だが、子供ながら、人生の辛酸と孤独を十分に舐めた彼女は、「肉屋の看板娘」と評判になることを喜んではいなかった。客が肉を注文すると、彼女はにこりともせず、細腕で重い肉切り包丁を力いっぱい振り下ろす。その様子は鬼気迫るものがあり、彼女の現状に対する不満と深いコンプレックス、そして野心がうかがえたという。

後の「谷開来は文革で小学校も卒業できず、北京で豚肉を売って家計を支えていた」という逸話は、彼女が少女時代、いかに苦労したかの例として伝わっている。もっとも姉たちが送られた農村での再教育の方がよほど、重労働で食糧不足に悩まされたものだったのは言うまでもない。

林彪事件後、彼女は復学が許され記録上では中学校を一九七三年に卒業したことになっている。その後、独学で琵琶を学びはじめた。肉屋の看板娘で終わりたくない彼女は、一芸に秀でたものが入団できる解放軍の文芸工作団（文工団）への道を狙ったのだという。

琵琶は才能があったらしく、間もなく「プロレベル」とまで言われる水準に達した。北京電影楽団が、毛沢東死去に合わせた記録映画のための映画音楽収録時、ソロパートの奏者として彼女が抜擢された。これは開来本人がそう言っているだけで客観的証拠のある話ではないのだが。

結果的に彼女は文工団には行かなかった。文革が終わった一九七七年から大学入試が復活したからである。プライドが高く自分が特別であると信じて疑わない彼女は最も難関である北京大学を目指して受験に挑んだ。

彼女が見事、北京大学法学部（法律系）に合格したことを不思議に思う人は多い。文化大革命でほとんど勉強をしていない彼女は数学の試験がまったくわからず大胆にも白紙で出したという。それで合格できるのか、と。その若い肉体を使って教授陣を籠絡したのではないか、という人もいた。もっとも動乱直後の大学入試の採点はかなり甘かったという人もいる。国語の成績は高く、それで数学のマイナス点を補ったと言われている。また七八年に父・谷景生の名誉回復が図られたことも、大いに影響したかもしれない。当時の大学入試に、文革によって、学習機会を奪われ無為の青春を送った党幹部子弟を救済するという意図も確かにあっただろう。

薄熙来との出会い

開来は北京大学進学を機に過去の自分と決別するような行動をとる。

まず大学入学関係書類には、父がつけた開莱ではなく開来という名前を書いた。また年齢も若くサバを読んだ。

彼女自身がメディアに語ったところによれば、この改名は「正義、幸福を勝ち取るための戦う意志を示した」という。自力で未来を切り開く決意を改名で示したのだ。名を変え、年齢を変え、彼女は新しい自分の幸福を勝ち取る野心を新たにしたのだった。

とすると、北京大学時代、開国元老のひとり薄一波の息子である薄熙来に近づいたのも、その野心ゆえのことなのだろうか。

谷開来が薄熙来と出会ったのは、公式には一九八四年とされている。当時、彼女は中央美術院の傅天仇教授とともに遼寧省大連市金県に環境芸術をテーマとした視察旅行に出かけ、その際に案内役だったのが当時の県の書記の薄熙来であった。谷開来自身が当時のことを述懐している。

「薄熙来も北京大学出身だとはそのとき思いもよらなかった。……彼はわが父のように理想主義者だった。私と教授は彼の家に招かれて行ったけれど、彼は一度も掃除したことのないような小さなあばら家に住んでいて、テーブルの下の破れた紙箱から小さなリンゴを取り出して接待してくれた。その後に、彼が壮大な理想を語りはじめたのよね」

この時、この大口をたたく理想主義者のハンサムに恋心を感じたのだと言う。

だが、本当のところは北京大学時代に二人はすでに男女の仲であった。ただ、薄熙来には妻がある身の不倫であったこと、さらにその妻・李丹宇も、やはり開国元老の娘であり、人民解放軍軍医という高い地位にあったこと、しかも李丹宇は開来にとっては義理の兄の妹という親族関係にあり、要は革命英雄三家族の泥沼の愛憎スキャンダル事件であったため、その事実は公にはできなかった。

開来と薄熙来が交際を始めたのは一九七九年から八〇年にかけての頃だったという。当時、彼女とクラスメイトでルームメイトだった中国系香港紙『文匯報』の広州オフィスの副主任が「薄熙来がしょっちゅう部屋に谷開来に会いに来ていた」と香港紙などに証言している。薄熙来には当時妻がおり、二人の公然の不倫関係はクラスメイトの間では知れ渡っていた。

開来と薄熙来、いずれの方から相手を見初めたのかは分からない。だが、薄熙来を当時の妻・李丹宇から奪うまでの騒動の経過をみるに、明らかに開来が主導権を握っていた。

太子党の複雑な縁戚関係の中での愛憎

薄熙来の父親・薄一波、李丹宇の父親・李雪峰、開来の父親・谷景生とも、山西省出身の共産主義革命の英雄であり、文化大革命で辛酸をなめ、互いを尊敬し、互いをライバル視しているような緊密な間柄であり、また複雑な縁戚関係も結んでいた。

一九〇七年生まれの李雪峰が最年長で、薄一波がそれより一つ年下、谷景生は一九一三年生まれで、薄より六年下の兄弟のような関係でもあった。

李雪峰は十八歳で太原国民師範学院に進学し、その後は山西大学教育学院で学んだ秀才であった。革命に身を投じたのは比較的遅く、一九三三年、二十六歳のときだ。抗日戦時代には鄧小平の部下として重用されてきた。

薄一波は一九二二年に山西省立国民師範学校に入学するも、五四運動に影響を受け、隠れてマルクス・レーニンを読んでいた。卒業後の一九二五年に正式に共産党革命に参加。一九三一年に北平で国民党側に「叛徒」として逮捕され、五年間投獄されるも、国民党軍からは、共産主義に通じた「高級顧問」として厚遇されたという。一九三六年に共産党陣営との交渉の結果、国民党政府からの恩赦というかたちで五四人の共産党員が釈放されたが、そのうちの一人が薄一波だった。薄一波が文革中に「六一人叛徒集団」として投獄されるのも、この時代の国民党政府の恩赦を受けたことが証拠とされたのだが、これは後の話である。

薄一波と李雪峰はほぼ同時期に劉伯承、鄧小平の八路軍一二九師団（劉鄧大軍）に参加し、ともに主力を担う幹部となり、互いを戦友と認めあうようになった。

谷景生は、この二人の絆の深さには若干及ばない。抗日戦初期時代、彼は薄一波の部下であり、その後、李雪峰の部下にもなった。

一九四八年四月当時、中国共産党の華北中央局の書記が劉少奇であったとき、薄一波は第二書記を務め、同時期に李雪峰は中央中南局の副書記兼組織部長を務めた。この時、谷景生は国共内戦で八路軍の中原野戦軍第九縦隊政治部主任だった。

共産党が政権を樹立後、薄一波は国務院政務委員、財政部長、華北局第一書記を兼任。李雪峰は中央工業交通工作部長を務め、一九五六年の第八回共産党大会で中央書記処書記となった。薄一波は国務院行政の中枢を担い、李雪峰は共産党中央の中枢機構で重要な役割を果たした。谷景生はこのとき、朝鮮戦争（抗美援朝）に参戦していた。

谷家と李家は縁戚関係にもあった。李雪峰の妻・翟英《てきえい》は谷景生の妻の範承秀と、いわゆる〝表親〟関係であった。つまり双方の親の兄弟姉妹が婚姻関係を結んでいた。そのため、谷家の上の娘たちは李雪峰を「おじさん」としたって、よく李家を訪れていた。四女の谷丹は李雪峰の長男・小雪に嫁いでいる。

一方、薄一波は若かりし頃、国民党による共産党狩りから、命がけで助けてもらった男の娘と結婚し、一女をもうける。後に駐デンマーク兼アイスランド大使となる鄭耀分《ていようぶん》の妻・薄熙瑩《きえい》である。だが共産党政権樹立後、政府の要職についた薄一波はほぼ一回り年若い秘書・胡明と男女の仲になり、妻に離婚を願い出た。最初、妻は同意しなかったが、胡明が三回目の堕胎をしたとき、泣きながら「私も女です。若い胡明に三回も堕胎させて知らんふりはできません」と離婚を承諾したという。

一九四五年に薄一波は胡明と結婚し、薄潔瑩（女）、薄熙永、薄熙来、薄小瑩（女）、薄熙成、薄熙寧と四男二女を続けてもうけた。だが文革が始まり、一九六七年に、薄一波は広州で「六一人叛徒集団」の一人として紅衛兵に捕まり、北京に連行されて、批判闘争会に引き出される。「六一人叛徒集団」とは、かつて国民党側に与《くみ》したことなどを理由にリストアップされた反革命容疑者のことだが、実際は文革の名を借りて毛沢東が政治的ライバルとして打倒しようとした劉少奇に近い人間を粛清するための建前だった。主に劉少奇が共産党北方局を担当していた一九三六年に国民党側に捕まり、「北平軍人反省院」に入れられた党員をさした。

このとき、劉少奇は彼らに反共声明にサインをするよう指示し、表向きは投降したかのように見せることで、国民党に恩赦による釈放を認めさせた。これが一九六六年八月になって、許すべからざる裏切りの証拠とされた。

この時、紅衛兵の先頭に立って、薄一波を殴り蹴りあげ「父親とは一切の関係を断つ」と宣言したのは薄熙来であったと伝えらえている。作家・楊光が書いた『私の経験した歴史物語――劉少奇叛徒はどのように罪を認定されたか』の中で、一九八三年に北京西山中共中央党校での座談会で、薄一波自身が語った、とある。

「息子の小熙が私に鉄拳を浴びせ、目の前が真っ暗になって倒れると、胸を何度も蹴りあげた。このとき肋骨が三本折れた。……あいつは父親が死にそうになっている時でさえ、こんな様子だった。この少年が未来の我らが党の指導者の姿なのだ。今後、必ず問題が起きるだろう」。薄一波はそう、ため息をつきながら述懐していたという。

妻の胡明も反革命容疑に問われた。胡明はその迫害に耐えられず、広州から北京へ護送中の列車の中で自殺する(殺害されたという説もある)。薄一波はその後、投獄され、一九七八年一二月になってやっと名誉回復されたのだった。

薄熙来は一九六六年五月、文革が発動したとき、ちょうど北京第四中学の高等部一年生(高一)だった。クラス中が熱狂的な「血統論」に染まり、薄熙来は率先して革命家家系ではない平民家庭の同級生を殴ったという。文革史学者・宋永毅が当時の薄熙来の同級生らから聞き取り調査したところによれば、その平民出身の同級生は非常に成績がよく、迫害の本当の理由は、薄熙来らの嫉妬にあったのだろう、という。当時の薄熙来の性格は、同級生から「心が狭く、横柄でほらを吹く」とあまり芳しい評価はされていなかった。

薄熙来はその後、首都紅衛兵聯合行動委員会（聯動）に参加した。ここに参加した紅衛兵たちは父母が高い官職にある血統ある子弟に限られていたという。紅衛兵たちが、家々に乗りこんで家探しをし、反革命罪の証拠を見つけては、市民に暴力を振るったことはすでにご存じのとおりだろう。当時、北京では三万三六九五軒の家が家探しされ、八万五一九六人が都市を追われて農村に送られた。途中、暴力で死亡した人数の統計はない。航空材料研究所所長の姚桐《ようとう》斌《ひん》を撲殺したのは、薄熙来であったと伝えられている。

武闘派の紅衛兵となり、実の父にまで暴力をふるい、親子の縁を切る宣言をした薄熙来だったが、その後、父の罪に連座する形で一九六八年から七二年まで労働教養のため、地方で強制労働に従事したと言われている。別の説によれば、「北京のダック屋の前に停まっていた自動車を盗んだ」として監獄送りになったという。

ちなみに後者について証言したのは、薄熙来事件の内幕暴露記事を書いたことでも知られるジャーナリストの姜維平である。彼は大連での記者時代、薄熙来の汚職やスキャンダルについてスクープを連発し、二〇〇〇年に大連当局に「国家機密漏洩罪」で逮捕され、懲役八年（後に国際社会の圧力で六年に減刑）の判決を言い渡された。出所後、カナダに亡命している。

薄熙来は一九七二年、出所後、北京市第二軽工業局五金機械修理工場に配置された。このとき、李雪峰の娘・李丹宇と付き合いはじめた。もともと、李家と薄家は家族づきあいがあり、二人は幼なじみだった。だが、李雪峰は北京市の書記にまでなった男、しかも娘の丹宇は解放軍軍医というエリートであり、妻の家柄の方が良すぎるという点で結婚相手としては不釣り合いだった。だが、背が高く美丈夫の薄熙来に対して、李丹宇の容姿は平凡であり、二人がならぶと李丹宇の方が見劣りがする。周囲の人たちは家柄と美貌のバーター結婚だ、と陰口をたたいた。実際のところは当時、劉少奇側の人間として迫害された薄一波と、陳伯達反党集団、そして林彪集団の一味として迫害された李雪峰、迫害家庭の者同士、互いの不遇を慰め励ましあううちに、愛情が芽生えたのではないか、と言われている。薄熙来の李丹宇に対する細やかな気遣いや愛情にあふれたラブレターも残っており、書籍などによく引用されている。

二人は一九七六年に結婚し、七七年に息子・望知をもうけた。

この同郷の共産党の中枢にある革命英雄御三家が、まさか自分の子供たちの色恋沙汰で、革命の嵐の中で固く結ばれてきた信頼関係をかき乱されるとは当時は思ってもいなかっただろう。

最初の失恋と堕胎と不倫

「人生はゲームよ」

それは谷開来の現実主義を端的に表す口癖だったという。

結婚も、彼女にとっては自分の幸福をつかむための選択であり、契約であり、取引だったのだろう。双方にとっていかに合理的であるか、未来に有利か。

開来には大学に入学した翌年の一九七九年、張二軍という解放軍幹部の息子である恋人がいた。眉の太い目の大きい陽気なハンサムであったという。開来は、このハンサムに一目ぼれで夢中になり、性欲旺盛な二人は夜毎、大学の裏手の芝生の上で獣のように睦みあっていたと、当時の同級生たちの目撃証言がある。

彼女は間もなく妊娠してしまう。これは、文革時代であれば監獄送りに相当する罪であったが、文革が終わった後の反動で学内の風紀は比較的緩んでいた。だが出産すれば、男女ともに退学処分は免れ得ない。将来を嘱望されていた張二軍は開来との恋愛関係を断ち切り自分の未来を選択した。開来は男に裏切られた絶望の中、姉の谷丹の助けを借りて父母に内緒で堕胎したという。これが開来の人生初の恋愛における挫折であったと伝えられている。この時より、彼女は情よりも利をとる冷徹さこそ、政治的な中国社会で生き抜く知恵であることを体得した。

この堕胎の秘密を共有した姉・谷丹は開来にとって一番心許せる、甘えられる家族であった。

開来は谷丹の家にしばしば遊びにいった。先に触れたが、谷丹の夫は李小雪であり、その妹が李丹宇で薄熙来の妻である。開来が薄熙来と出会い、同じ北京大学生として侃侃諤諤《かんかんがくがく》の議論を戦わせたりしたのは実は谷丹の家であった。

薄熙来は今の写真をみても分かるようになかなかの美男子である。北京大学歴史系世界史専攻（歴史学部世界史学科）に入学した一年後に中国社会科学院研究生院に転学した秀才であり、知的で自信にあふれた弁舌が、魅力的であった。しかも父親は鄧小平が信頼を寄せる薄一波副首相。本人も将来は必ず中央書記処や中南海の中枢に入る出世コースが約束されていた。堕胎と失恋の痛手に打ちひしがれていた開来が、薄熙来に憧れ夢中になり、独占したいと思うようになるのは時間の問題だった。薄熙来も、若く野心にあふれる雌虎のような開来の積極的なアプローチにあっという間に陥落した。

泥沼の縁戚内三角関係

一九七九年、李雪峰の名誉が回復された。李雪峰の名誉回復には、先に名誉回復された薄一波の鄧小平に対する進言があったという。このため李家では、娘婿の薄熙来をことのほか大事にした。週末には李小雪・谷丹夫婦、李丹宇・薄熙来夫婦らと一緒に食事をとるのが家庭内行事となっていた。自然と現役の学生である薄熙来が中心となって、一種の政治時事サロンのような場が形成されていた。文革で林彪集団の一味として厳しい迫害にあい、その余波がいまだくすぶる李家にとって、政府の中枢にある薄一波の息子である薄熙来は一族の未来を託した娘婿であった。

ところが、その嘱望する娘婿がなんと、息子の嫁の妹と関係を持ってしまった。これは、単なる不倫問題にとどまらない、李、薄、谷の三家一族の政治的命運までも左右する大事件であった。

本来、北京市の書記まで上り、政治的に一番高い地位にあったのは最年長の李雪峰。だが文革を機に、薄家が李家の上をいく政治的影響力をもつようになった。この政治的地位の没落が、薄熙来が不倫問題を起こした背景であると、李家は恥辱を感じたという。一番怒り狂ったのは、李雪峰の妻、翟英だった。娘を侮辱することは許さないと、薄熙来と谷開来の交際にあくまで反対し続けた。範承秀は溺愛している末娘・開来を擁護したい気持ちはやまやまながら、親戚関係にある翟英には敬意をもっていたし、娘のしでかしたことは女の道として恥ずかしいことだと認識していた。谷景生は当時、新疆ウイグル自治区で第二書記を務めており、この「お家騒動」にあえて関わらずに済んだ。

一番苦しんだのは、薄一波だった。自身も年若い秘書・胡明と不倫し、命の恩人の娘と離婚した過去がある。息子を強く批判できる立場になかった。

薄一波は薄熙来にこう語ったという。

「同じ不倫をするにしても、美しく聡明な女性は世界中にいるというのに、なぜこんな身内の中で無茶なことをするのだ」

「開来とは別れねばならない。三つ大きな問題がある。一つめは、不倫はお前の出世にマイナスになる。お前はまだひよっこだ。お前は中央書記処研究室に入ったばかりの新人だろう。中央弁公庁はお前の経歴書に、『生活作風に問題あり』と記録するぞ。二つめは婚姻とは政治的要素を含むものだ。李雪峰おじさんも名誉回復となり、いまでは鄧小平に一目おかれる人物だ。お前の出世にかかわることもあるかもしれない。三つめは李、薄、谷の三家は深い絆で結ばれた家族のようなものだ。お前たち二人のために、三家の信頼関係がかき乱されてはたまらない」

薄熙来はこう答えたという。「父さん、無理だ。もはや後戻りできないほど、二人の関係は深みにはまっているよ」

薄一波はこの答えに失望して、「では、お前はもう北京には居られない。地方の基層部門で自分を鍛錬してこい」と言うしかなかった。この時、地方に送りだす息子に父は「習仲勲（薄一波とともに八大元老に入る革命英雄）同志の息子・習近平（現在の国家主席）は、自ら望んで河北省正定県に行き基層部門で実績を積んでいる。あの小僧、なかなかやると評判だぞ。地元幹部・群衆に信頼されて、もうすぐ正定県書記に昇格するようだ」と、ライバル心を焚きつけることを忘れなかった。薄熙来にとって習近平は幼少期、自分のことを「おにいちゃん」と呼んで後ろからついてきた弟分である。性格のきつい薄熙来はよくいじめて泣かせたこともある。それが、自分よりも頑張っていると父親が評価している。この頃から、薄熙来は習近平を常に意識するようになった。

一九八四年、薄一波は遼寧省大連市書記の崔栄漢に息子を託したいと手紙を書いた。崔は薄熙来を大連市金県の副書記として引き受けると返事をした。薄熙来は、中央書記処研究室副主任という出世コースにあった地位を開来のために棄て、北京市をひそかに離れ、単身で大連市金県に赴いた。

この時期、谷家では開来を米国に留学させようとしていた。開来もその気になって必死に勉強し、米国留学への奨学金を得られることになった。ところが、そのお祝いを言いに来る人の中に、恋人の薄熙来がいないことに気づく。そして自分のせいで、薄熙来が大連市の地方に飛ばされたことを知るのだった。家族親族全員が、自分と薄熙来を別れさせようとしていると知り、もともと闘争心の強い開来は、なおさら薄熙来と結婚せずにおくものか、との決心を新たにする。米国留学の権利をあっさりと放棄し、薄熙来を追いかけ大連市金県にいくと、公然と同棲し始めたのだった。

一方、薄熙来の妻・李丹宇も解放軍軍医を務めるエリートだけあってプライドの高い強い女であった。こちらも絶対離婚を承諾するものか、と闘う決意を新たにする。訴訟にもちこみ四年あまり戦い続けた。初級、中級人民法院では、夫婦関係は修復できないとして離婚すべしとの判決が出たが、李丹宇自身は一九八七年、最高人民法院に上訴した。告発状では「薄熙来は陳世美（清朝の官吏。科挙試験に合格すると糟糠《そうこう》の妻を棄て、出世のために皇族と結婚する。京劇の題材にもなっている）です！」と激しく罵倒したという。

ちょうど、この年、開来が薄熙来の子を出産した。薄瓜瓜である。これが裁判をよりいっそう複雑なものにした。

結局、薄一波と李雪峰の直接の談判により、離婚が成立した。このとき薄一波は李雪峰に「あなたが政治舞台で活躍したいなら、私が口添えしてあげますよ」といったニュアンスのことを言ったとか。薄一波は現役を引退していたが、当時の総書記の胡耀邦解任をしかけるなど、八大元老の一人として依然、権力の中枢にあり、本来先輩であった李雪峰よりずっと高い政治的位置にいた。

この時の李家の屈辱は相当なもので、李丹宇と薄熙来の間の息子・望知はその後、父の薄姓など絶対名乗るものか、と決意し李姓を名乗ることになる。李丹宇はその後、一度も薄熙来と会っていないという。

紅道と黒道

谷開来は北京大学で修士課程を修めたあと、米国留学の権利を放棄して薄煕来を追いかけ同棲を始め、一九八七年には息子・薄瓜瓜を産んだ。その翌年の一九八八年、司法部による正式な弁護士資格を得る。新中国において最初に発行された公式の弁護士資格合格者の一人だった。そして、薄煕来と正式に結婚、大連市と、さらに北京に開来弁護士事務所を開いた。

弁護士資格をとったばかりで何のキャリアもない彼女が個人事務所を開けたのは当然、薄煕来のおかげである。金県にあるホテル・金豊賓館の一室を借りて事務所とした。この時、薄煕来が助手に使えと派遣したのが洪春宝、後に谷開来に関するスキャンダル本『傾城禍水　谷開来』を書いた人物である。また、事務所開設・運営に関する資金は、後の大連実徳集団総裁となる実業家・徐明が提供した。徐明は後に、薄煕来の金庫番の役割を担って、一〇〇人の美女をハニートラップ要員として用意したとか、記者に賄賂を渡して薄煕来の称賛記事を書かせたといったスキャンダルが暴露され、薄煕来に連座する形で失脚した。

薄煕来が大連市金県でどのように出世街道をばく進してきたかも、少し紹介しておこう。

彼は文化大革命中の投獄経験から「強権暴力が真理である」ということを骨の髄まで叩きこまれていた。自ら生まれながらもつ共産党権力「紅道」と、マフィア（黒社会）の持つ暴力「黒道」が結びつくことこそ、動乱の多い中国で生き残る法則なのだと考え、それを実行した。

まず、金県を牛耳る二人のマフィア組織のボスに自ら接触。一人は「虎豹」と二つ名で呼ばれた鄒顕衛《すうけんえい》。彼は武闘派マフィアで、県内のホテルで営業されている風俗業のみかじめ料を主なしのぎとしていた。もう一人は姓を範と名乗る男で、建設業における請負頭（包工頭）市場をほぼ独占していた。建設現場の労働者たちは彼に頼らねば仕事にありつけず、施工主も彼に頼まねば立ち退き問題ひとつ解決できない、そういう影響力をもっていた。

薄熙来はこの二人を積極的に擁護し、いつの間にか二つのマフィア組織は薄熙来の専属のボディガード集団のようになった。この片田舎の再開発の手始めに「一歩天」というディスコはじめ娯楽・風俗店の建設を積極的に進め、金県の発展に貢献すると同時に自身も蓄財に励んだ。薄熙来は瞬く間に大連市党委宣伝部長兼常務委員となった。

社会科学院新聞研究所出身だけあって、メディアと宣伝の効用を非常に理解し、同時に論理的で流暢で説得力ある弁舌に長けていた。背の高い美丈夫ぶりもテレビ映りがよく人に好感を与えていた。当時の『大連日報』の記者の一人が、後に薄熙来のスキャンダルの数々を暴き、国家機密漏洩で投獄された姜維平記者であったが、彼ですら薄熙来が宣伝部長に着任した当時は、他の記者たちとともに歓迎会を開いたという。

薄熙来は、地元テレビ局、新聞社のトップを自分の腹心に次々挿《す》げ替えていき、自分が有能な指導者であるように描写する記事を書かせた。宣伝部長時代の薄熙来が一九八九年一月に肝入りで創刊させた雑誌『東北之窓』は、自ら鄧小平のもとに赴き題字を書いてもらった逸話が残るが、これは完全な薄熙来賛美雑誌となった。

一九九三年に大連市の市長の座についてから後も、同じ方法で出世していく。すなわち、風俗と建築業市場をマフィアを使って独占し、メディアを利用してそれをポジティブな「都市再開発」として報道させたのである。

虎豹の二つ名を持つマフィアのボス・鄒は、一九九二年までに薄熙来と組んで一〇〇〇万元以上を蓄財したといわれる。だが、その頃から薄熙来は鄒の扱いに手を焼くようになる。

一九九二年一〇月、鄒のグループは対立するマフィアと激しい抗争を起こす。このとき対立マフィアのボス・高福崇を殺害。鄒はこの事件によって殺人罪に問われることになり、薄熙来の勧めで逮捕される前に海外に逃亡する。だが一九九三年に鄒はひそかに大連に舞い戻ってしまい、殺人罪で九四年に逮捕される。九五年の判決は、本来は死刑相当だが、薄熙来の子分であることは周知の事実であったので、執行猶予付き死刑の判決に減刑された。服役中、薄熙来の口添えのおかげで、鄒は高級ホテル並みの独房を与えられ、自分の家のように自由に外出も許されるという破格の扱いも受け、二〇〇〇年、病気治療の名目で釈放されたあと、対立マフィア団の襲撃を受けた。この時さらに一人を殺害したため二〇〇一年に再逮捕され、二〇〇三年八月に死刑判決を受ける。二〇〇三年一一月三日、鄒は死刑に処された。

この時、薄熙来は鄒の子分たちに「鄒を守れなかったことを責めないでほしい。この事件は全国に知れ渡ってしまい、私にはもはや救う方法がなかったのだ！」と弁解したという。だが、薄熙来の悪事の真相を知りすぎた鄒を体よく排除するために、薄熙来がすべて仕組んだのではないかという噂もあった。

大連で薄熙来が権力の高みを目指して、「紅黒」合わせた手腕を発揮しているこの時期、北京では世界を揺るがす一つの大事件が起きている。中国では「六四」と呼ばれる一九八九年六月四日未明に発生した天安門事件である。

天安門事件に涙した

天安門事件については、いまさら説明の必要もないだろう。民主化を要求する学生運動を武力で鎮圧した有名な事件だが、これは単純な民主化弾圧事件ではなく、党中央の権力闘争の面が強かった。つまり改革推進派の胡耀邦と趙紫陽に対する鄧小平の男の嫉妬が根底にあり、直接のきっかけは胡耀邦の死（一九八九年四月一五日）だった。この胡耀邦を失脚に追い込んだ筆頭が薄一波であり、後任の趙紫陽を批判、攻撃し、戒厳令を支持し武力鎮圧を主張していたのも彼だった。

この事件の最中で、薄熙来・谷開来夫婦の性格を物語る有名なエピソードがある。

薄熙来は大連市常務副市長の身分であったが、父親と弟の薄熙成から常に北京の情勢について電話で情報を得てかなり詳細に承知していた。趙紫陽が総書記を解任され、その権勢が失墜したとき、薄熙来はすぐさま大連市金州区（元金県）の豪華ホテル「紫陽楼」を改名した。これは八〇年代にゴルフ好きだった趙紫陽（当時は首相）を接待するために薄熙来が創った当時全国最大規模のゴルフクラブであった。薄熙来は、この種の権力闘争の風向きに非常に敏感であった。すぐさま鄧小平支持の姿勢を大連地元メディアを使って打ち出したことは言うまでもない。

一方、谷開来はこの時、息子・薄瓜瓜とともに北京にいた。六月三日深夜から四日にかけて、開来は薄瓜瓜の突然の発熱にうろたえていた。おりしも戒厳令の最中。薬を飲ませても熱は一向に下がらない。彼女は思いあまって舅の薄一波に電話する。「瓜瓜の熱が下がらないんです！　協和病院に行って注射を打ってもらえば、なんとかなると思うんです」

この切羽詰まった政治情勢の最中に、些細な家庭の事情で電話をかけてくる嫁の浅はかさに怒鳴りたい気持ちを、薄一波は嚙み殺して、こう提案した。「普通の車で外出できる状況ではない。どうしてもというなら、私の車を回すので、それを使いなさい」

だが、開来は薄一波の想像以上に無知だった。外に出たとたん、兵士たちは当然、車を呼びとめる。開来は息子を一刻も早く病院に連れて行きたいために、運転手に「止めないで！　このまま強行突破するのよ！」と命令したのだった。

次の瞬間、パン、と音がして、長年、薄一波に仕えていた運転手の頭から赤い血の花が咲いた。外地から呼び寄せられた戒厳部隊が薄一波の公用車のナンバーを知るはずもなく、兵士は軍令に従って運転手を銃殺したのだった。

この事件は、鄧小平が戒厳部隊に接見した六月九日に起きたという説もある。いずれにしろ、党中央における薄一波の立場をかなり悪くした。後の家族会議の場で、薄一波は杖で床を叩きながら、「お前が代わりに死ねばよかった」と嫁の愚行をなじった。この後、開来と薄瓜瓜は大連に戻るが、飛行場に迎えにきた友人が後に、「開来は泣きはらし、苦痛にみちた顔で、北京で死傷者が折り重なって凄惨な様子であったことを訴えていた。あの時はまだ彼女にも良識があった」と語っている。

文革で父親に暴行すらした薄熙来とは違って、彼女はこのころ、社会情勢にも疎い世間知らずの小娘だった。プライドと欲望は強いが、まだ冷酷にも非情にもなりきれていなかった。開来が江青級の悪女に変身してゆくのは、中国政治の冷酷さを深く理解している薄熙来の教育の賜物であると言われている。彼は薄熙来と結婚していなければ、さほどの悪女にならなかったかもしれない。

馬俊仁の弁護士

開来は大連で、華々しくキャリアアップしていく。だがそれは、大連市長となった薄熙来の全面的バックアップがあったからだった。

薄熙来が市長として展開する再開発案件および誘致企業の顧問弁護は、ほぼ開来法律事務所が請け負った。その弁護料は、ありていにいえば、薄熙来への賄賂と同義でもあった。だが、プライドの高い開来は、夫の顔で得た大連企業の顧客だけでは今一つ、満足できなかった。弁護士としてもっと名前を売りたかった。

開来の名が国内外で弁護士として有名になっていく過程で、夫・薄熙来以外に三人の男が関わっている。

一人は、中国陸上史に栄光も汚名も残す馬俊仁である。

馬俊仁は八〇年代から遼寧省で陸上指導の実績をつみ、過酷な高地トレーニングや漢方薬や鍼灸を使った肉体改造により、一九九〇年代に中国陸上・長距離走に数多くの金メダリストを輩出した「名伯楽」で知られる。馬軍団とよばれる長距離走精鋭選手は世界記録を塗り替え続けた。だが、その異様なまでの世界記録更新はドーピングによるものではないか、と常に疑われ、また選手に対する厳しい規律、パワハラ、賞金のピンはねなどが選手の離反を生むなどのスキャンダルも多い。九四年に大連にトレーニングセンターをつくり拠点としていた。

その馬俊仁が、ノンフィクション作家の趙瑜《ちょうゆ》が書いたスキャンダル暴露本『馬軍団調査』に対して名誉棄損、プライバシー侵害などの訴えを起こしたいと開来に弁護を依頼した。開来にとって最初の大仕事といっていい。

趙瑜は中国作家協会の正式な会員であり、中国報告文学学会副会長であり、報告文学（ノンフィクション）の大御所である。弁護士としては、腕の見せ所。だが、背景の権力の強弱が裁判の行方を支配する中国で、趙瑜という中央宣伝部直系の御用作家組織の重鎮相手に訴訟を起こしても、今の開来が必ず勝てるという保証もなかった。

そこで開谷は「戦わずして勝つ」という、奇策を講じるのである。実は趙瑜も開来北京事務所を通じて弁護を依頼していた。やはり八大長老の一人・薄一波の媳婦《そくふ》である立場は強い。開来はこれを断り、全国的に名の売れている馬俊仁の依頼を引き受けるのだが、訴訟で正面切って戦うのではなく、『私は馬俊仁の弁護士』というノンフィクション作品を執筆、馬俊仁と共著の形で大連図書城出版から「反論本」を出版するのである。

この二五万字に上る著書の中で、趙瑜の暴露本がプライバシー侵害であり、誹謗と中傷に満ちていると主張。本来、法廷で行うような弁論を展開した。だが法廷と違い、相手に抗弁の機会はない。この著書は、大連のメディアを自由に使える開来の宣伝力もあって、『馬軍団調査』以上の売れ行きを見せ、訴訟を起こさずとも、馬俊仁の主張を社会に広く訴える効果はあった。馬俊仁は「この本は私の趙瑜に対する起訴状であり判決状みたいなものだ」と語っていたが、結局、起訴はしなかった。開来は「訴訟を起こす必要はないわ。この本によって、全国人民が参与する公開裁判が開かれたのよ。これで馬俊仁の潔白は証明されたも同然よ」と語った。

実際、訴訟を起こせば勝てるかどうか微妙な裁判であったが、この方法により、開来の「敏腕弁護士」としての名はまず全国区に広まった。

アメリカで勝訴

谷開来の弁護士としての名をさらに上げた事件をもう一つ紹介しよう。『米国で勝訴する』という本にもなった国際裁判である。

この裁判を成功させたのは、開来の実力というよりは、彼女を一流弁護士に仕立て上げたもう一人の男、程穀君（ラリー・チョン）の功績だろう。開来は自著の中で、彼を「アメリカの雷鋒（解放軍の模範兵士）」と呼び、兄と慕っていた。

程穀君は大連市の貧しい漁村出身の台湾人で一九六七年、中華民国軍に在籍中、台湾美人歌手の葉玲（本名・葉彩育）と結婚し、退役後、米国に移民、実業家となった。当時台湾と正式国交を持つ数少ない国の一つ、コスタリカの総統顧問（経済貿易担当）を六年も務め、同国の駐東南アジア商務代表になるなどの変わった経歴もある。

開来が北京大学を卒業して米国留学を模索していたとき、米国側の受け入れ先として手続きなど何かと協力していたのが程毅君だった。彼は知人を通じて、開来の弾く琵琶「十面埋伏」（琵琶の古典名曲。項羽と劉邦の「垓下《がいか》の戦い」を描写）を聴き、その素晴らしさに心を奪われ、彼女が米国に来るために骨を折り、その到来を心待ちにしていたという。ところが、薄熙来を追いかけるために、彼女は米国留学という人のうらやむ特権を放棄する。そのいきさつを知った程は「これほどの才媛が、自分の価値にも気付かず、薄熙来のような男に嫁ぐなど、牛糞に名花を挿すようなものだ」と憤慨した。彼女の琵琶を聴いた時点で、程は開来に恋情を抱いていたようだ。

彼は一九九二年、大連に進出、一九九六年に霍瑞斯（ホーラス）投資コンサルティング会社を創設した。それは開来のそばに行くための口実であったと思われる。彼の創った霍瑞斯投資コンサルティング会社の株主には、大連実徳集団総裁の徐明や谷開来の名も並んでいた。その年の秋、薄熙来は大連市副書記に昇格した。

程毅君と開来の間に男女の関係があったかは確かめられない。あっただろう、と言われている。プラトニックであったという説もある。少なくとも程毅君の開来に対する献身は、惚れた女に対するものであった。弁護士・谷開来を国際的にも有名にした『米国で勝訴する』事件は、程毅君が持てる財力と人脈を駆使してお膳立てした舞台だった。

この事件のはじまりは一九八六年に遡る。改革開放の大号令に従って全国で海外の先進技術を取り込もうという動きが起きていた。大連塩素酸カリウム製造廠《しょう》もその一つだった。この企業は米国企業からいわゆる先進的製造設備を五〇〇万ドルで購入した。

ところが、この機械は大連工場側が期待していたような代物ではなく、大連工場側の言い分によれば時代遅れのガラクタだったという。そこで返金を要求したが、米国企業側はこれを拒否、それどころか中国側を知識財産権侵害で訴えた。米国で行われたこの知識財産権侵害訴訟は被告欠席のまま二度の公判ののち、大連工場側に一四〇〇万ドルの損害賠償支払いが命じられ、同工場の中国銀行口座や在米の関連企業の資産が差し押さえられそうになった。中国国内では、当然ものすごい反発を呼んだ。

開来はこの世論の反発を見て、この裁判の大連工場側の弁護を無償で引き受けることに決めた。そして一九九七年二月一八日、米連邦裁判所において見事勝訴し、一四〇〇万ドルの損害賠償支払いの決定を撤回させた……という。地元米メディアもこれを「世紀の大裁判」と報じ、中国側は「中国司法史上の輝かしい一里塚」と絶賛した。

だが、この裁判がはたして喧伝されているような輝かしい勝利であったか、開来の実力によるものであったかというと、そうとは言えないかもしれない。まず連邦裁判所に出廷するには米国での弁護士資格が必要であるから、開来が弁護に立つことはもともと不可能だった。実際に弁論を行ったのは、エド・バーンを筆頭にした有能な米国人弁護士による大弁護団であった。

そして裁判のシナリオを描いたのは、米国の司法事情を知りつくした程毅君だった。九八年二月にこの裁判の内幕をまとめた『米国で勝訴する』が光明日報出版社から出版されたが、その中で程はこう語っている。

「私には法律知識の背景があり、九七年に開来が率いた応訴のすべての過程に法律顧問として参加し、勝訴した。私たちはまるまる一カ月かけて、米国における関連の判例を調べあげ、同時に事前にメディアへの情報公開などによって〝外堀〟を埋めた。実際上は、(勝訴ではなく)和解であり、我々が相手側の弁護士費用を支払うことで、相手側が起訴を取り下げたのだ」

「一四〇〇万ドルの賠償金が撤回された」ことで、中国側は勝利感を味わったが、最初のきっかけであった五〇〇〇万ドルの設備購入費の返還はそのままうやむやとなった。相手側弁護士への費用を含め、この裁判にかかった実費は二〇〇〇万ドル以上と言われたが、これを出したのも程毅君だった。そして手柄をすべて開来に譲ったのだった。

『米国で勝訴する』の表紙は、若く自信にみちて美しい開来のポーズ写真で飾られ、「中国弁護士がその使命を辱めることなく、連邦裁判所の判決を覆す」とあおり文句が入った。開来は実際に弁護士として法廷に一度も立っていないが「この法廷弁論で、私は米国の司法精神の神髄を悟りました。だから負けずに勝てたのです」と誇らしげに語った。出版に合わせた『光明日報』の取材には「私の法学の師である王鉄崖教授の教えには、法律の背後にある文化の問題への理解方法などが含まれています。外国での裁判で事実を証明するには、まず共通の言語を探し、いかにグレーゾーンにある問題の白黒をはっきり対比させていくかが重要です。それには事前に文化的コミュニケーションをとることですが、これは一言では説明できない」と、さも自分の手柄のように語っていた。

この本は後に、二〇回にわたるテレビドラマとなり、女優の江珊《こうさん》が美しく有能な女弁護士・開来役で主演した。本はそれなりのベストセラーとなったが、中国人政治家（薄熙来がモデル）との恋愛を交えた荒唐無稽なメロドラマに翻案されたテレビ化の方はさほど視聴率がとれなかった。いずれにしても、これを機会に開来のナルシズムあふれた大メディア宣伝戦略が展開され、彼女の国際派弁護士としての名声が確立した。

ところでこの裁判の米国人弁護団の筆頭弁護士エド・バーンが二〇一二年に米『ウォール・ストリート・ジャーナル』の取材に答えて開来の思い出を語っている。

「彼女の聡明な頭脳と美しい容貌に心を動かされた。まるで中国のジャックリーン・ケネディだった」

「思考が俊敏で、英語も素晴らしくうまかった」

米国人の目から見ても、当時の彼女は非常に蠱惑《こわく》的だったらしい。

また米国人弁護団は裁判が終わったのち、大連市長の薄熙来から大連郊外の金石灘《きんせきたん》高級ゴルフリゾートに招待され慰労された。そこは三ベッドルームのニューイングランド風のコテージが点在する贅を尽くした施設で、同行した米国側法律顧問のロバート・シェーンカインは、その時の弁護団を迎え、にこやかに握手を交わす薄熙来の社交ぶりについて、「アメリカの政治家みたいだった」と述懐している。薄熙来・谷開来夫婦が、どのようにして西側の知識人たちの心をとりこにしてきたかがうかがえる話でもある。

この裁判の成功を機会に、程毅君の創設した霍瑞斯投資コンサルティング会社は海外の中国進出希望企業に対するコンサル業務も行うようになる。この時、コンサルタントとして迎え入れたのが、英国人のニール・ヘイウッドと、フランス人建築家のパトリック・アンリ・デビレルだったと言われている。後に開来と愛憎劇を演じる二人の白人男性であった。

徐明帝国の女王さま

開来を弁護士として有名にした三人目の男性は、徐明である。

徐明はいわずと知れた大連実徳集団の総裁であり、米経済誌『フォーブス』の長者番付の常連であった資産家である。そして薄熙来事件が明るみに出たとき、薄熙来の金庫番であり、美女調達係であったことがゴシップメディアに暴露された。二〇一三年八月下旬に済南市中級人民法院で行われた薄熙来裁判では証人台に姿を現し、石油化学事業の届け出に対する便宜を図ってもらうなどのために合計二〇四四・七万元にのぼる賄賂を開来や息子の瓜瓜を通じて渡していたことなどを証言した。このとき、被告人の薄熙来が弁護人の頭越しに徐明に向かって直接、二十以上の質問を機関銃のように投げつけ、徐明をしどろもどろにさせたのは記憶に新しい。実際、徐明が本当に心酔していたのは薄熙来ではなく開来だった。

田一川著の『谷開来「家族」』で、徐明は開来の「馬仔（番犬といったニュアンス）」と呼ばれている。唯一命令を聞くのは開来だという意味で。

一九七一年に四人兄弟姉妹の末っ子として大連荘河《しょうが》市の呉炉鎮の農村に生まれた。薄熙来より二十二歳、開来より十五歳年下である。当時は文革期であり、家は地元生産隊に属し、七八年から県城（県庁所在市、都市部）で生活するようになったので、労働者（工人）家庭出身といっても間違いではない。彼の父親・徐盛家は鎮の機械廠廠長をつとめ、八〇年代の改革開放の波にのって郷鎮企業・紅光集団の会長までつとめた。紅光集団の資産は、紅光村の集団所有という形をとるため、紅光村の政治実力者でもあった。農村の事業体化を実現したとして九八年、九九年に大連市から労働模範の称号を受けた。

その徐盛家の末息子・徐明は父親と同じ事業家となるべく、八八年に瀋陽航空工業学院社会人コースに進学。勉強がよくできたというわけではないが、商才はあるようで、通学前に近くの卸売市場で仕入れてきた雑貨を元値の二、三倍の値段をつけて学院内で売りさばいたという逸話がある。二年で卒業したのち、荘河市工業品対外貿易公司に就職。父親の威光もあって九二年にはこの公司の経理・法人代表となる。この時につくった人脈が、その後に実徳集団を形成する上で生きることになる。

この年はすでにふれたように薄熙来が大連市長に昇格する前年だった。九三年に市長に昇進し大連市の大都市再開発計画が始動するとの予見があった。多くの企業・事業家が建設関連事業にチャンスを求め、徐明もその例にもれなかった。このとき、徐明は、開来会いたさに大連に進出した元コスタリカ総統の経済顧問・程毅君と香港の実業家・周一鳴と出会い、大連で大型のゼネコン企業を立ち上げる計画を練る。

最適の人脈を得て、荘河市工業品対外貿易公司は、周一鳴率いる香港恒和機械工程公司と合弁で資本金八〇万ドルの大連実徳機械工程有限公司を立ち上げる。中国側の資金は五五%で農業銀行大連支店の国際業務ローンで調達した。四五%が香港側で、これは日本、米国の中古建設機械三七台の購入にあてた。またゼネコンの命とも言えるエンジニアは、三人の日本人を引っ張ってきた。

「プラットフォームができ、資金を用意し、人材も技術もそろえた。あとは孔明式に言えば、東風が吹かないと」と、徐明は言ったとか。彼の言う東風とは、大連市長夫人の開来を法律顧問に迎えることだった。あるいは開来を通じて夫であり大連市長である薄熙来の力を借りることだった。徐明は程毅君に頼み込み、開来との面会の場を設けてもらう。

わずか二十二歳の「若造」であった徐明にとって、開来は雲の上の存在だった。初めて大連の開来法律事務所に訪れたときの緊張ぶりは、彼自身が後に述懐している。

だが彼女は、「うちの事務所に来た人はみんなお客ですよ」と、若造・徐明への対応も礼儀正しく丁寧だった。おそらくは程毅君への信頼の深さが、徐明への態度にも出たのだろう。

仕事の話になると厳しい口調で「私どもの月間顧問料は相応の額となりますが……」と言い、白く細い指を五本広げて示した。五〇〇〇元、という意味だった。それが当時の中国の一流弁護士の顧問料の相場だった。

徐明は頷き、車から運んできたトランクをおもむろに開けた。中には一万元ずつ梱包した人民元札束が五〇束、五〇万元の現金がつまっていた。

開来は目を見開いて息をのんだ。これほどの大金を目にしたのは初めてだった。

徐明は開来の驚く顔を見据えながら不敵に言った。「聞くところによると、米国の弁護士に法律相談を頼めば一時間二〇〇ドル以上が相場らしいですね。このお金で、あなたの時間をどのくらいもらえますか？」

開来はこのとき、「この若造、ただ者ではない。ビジネス界の風雲児になるわ」と直感し、彼を利益共同体に選んだという。

開来を法律顧問に迎えたことで、徐明は九三年から、大連市の勝利広場、星海広場、金石灘国際ゴルフリゾートなどの大型建設を一手に引き受けることになった。特に星海広場は当時、海を埋め立ててつくるアジア最大の広場と喧伝された。この海を埋め立てる事業だけで、徐明は三〇〇〇万元を稼いだと伝えられている。

九九年までに実徳集団が引き受けた大連市の再開発プロジェクトは、三〇以上にのぼった。薄熙来率いる大連市政府のおかげで実徳集団は、次々と大口の仕事をこなし利益を積み上げてゆく。あるとき実徳集団が、ドイツ企業と合弁でスチールサッシの窓枠の製造工場をつくった。すると大連市は幹線道路沿いのすべての住宅、ビルにそのスチールサッシの窓枠を装着するようにと指示し、装着工事に対する費用補てんを政府として行うことを発表した。そんなふうに実徳集団と薄熙来・開来夫婦は利益共同体として、大連に「帝国」を築いていった。

九九年までに、実徳集団はサッカーチーム、三つの上場企業、三つの商業銀行、二つの保険会社、一つの基金会および三〇以上の関連企業を抱える大企業集団に成長。実徳集団の資産は二〇〇五年当時、一〇四億元（国家統計局遼寧調査チームによる計算）とも、一三〇億元（遼寧省政府発展研究センターによる計算）とも、一六五億元（同集団が対外的に公開している数字）とも言われた。徐明は同年、『フォーブス』誌の中国長者番付八位にランクインした。しかし、実徳集団の大連市への法人納税額は一〇〇位内にも入っていないという奇妙な現象も起きていた。実徳集団の金は、薄熙来と開来夫妻の財布に直接入っていたのだ。

開来と徐明の間には男女の感情があったのだろうか。いくら開来が魅力的な女性とはいえ、女性が十五歳も年上の愛人関係というのは、女性の若さや処女性を尊ぶ中国ではあまり考えられない。

だが、徐明が開来に絶対服従的な態度で尽くしてきたのは事実だろう。開来の溺愛する息子・瓜瓜の学校見学に同行したのも徐明であり、その帰りにはオーストリアやドイツに立ち寄ってスキーを楽しむなど実の父親のように瓜瓜の面倒をみた。十数万ドルにおよぶ旅費は、もちろんすべて徐明もちである。薄熙来裁判でも話題になった留学中の瓜瓜の豪華なアフリカ旅行の費用や放蕩生活を支えていた資金はほぼすべて徐明の財布から出ていた。

二〇〇一年には、開来にせがまれてフランス・ニースの高級ヴィラ、フォンテーヌ・サン・ジョルジュの購入資金二二〇万ユーロ相当を提供。地中海を見下ろす高台の瀟洒な白亜の別荘は開来のお気に入りとなった。二〇〇八年、瓜瓜がセグウェイが欲しいといえば、開来は「徐明おじさんにおねだりしたら。お母さんも喜ぶっていって」と徐明に買わせた。また、徐明は開来のために、英国の観光用熱気球やカナダ・ボンバルディア製造のプライベートジェット「チャレンジャー850」など高価なプレゼントをいくつもしている。もちろん薄熙来からの様々な便宜を期待してのことだろうが、徐明は開来に「完全にまいっていた」というふうに、周囲の目には映っていた。

開来はさしずめ、「徐明帝国」の女王さまだった。徐明が開来に金を無尽蔵に使う快感と金に群がるさもしい人々を自由に操る快感を教えた。徐明の金が、開来の欲望の肥大化を加速させていった。

だが、開来にとってあくまで「馬仔」であり、「臣下」にすぎない徐明では、女としての欲望は満たされない。徐明は薄熙来に愛人用の女性を献上しつづけていたが、このことが、開来の心をもっともざわつかせるようにもなった。

嫉妬に狂う

薄熙来は無類の女好きであったらしい。少々下品な話で申し訳ないが、陰では「勃起来」というあだ名で呼ばれていた。中国語の発音では「薄熙来」とよく似た音である。徐明は、薄熙来の要望にあわせていかような女性も調達できた。南方系の小柄で愛らしい女性から東北系のモデル体型の少女まで、歌手、テレビキャスター、女優……。それこそ野菜を買ってくるように取り揃えたという。

薄熙来の愛人として取りざたされたのは、女優の許晴、馬暁晴、テレビキャスターの劉芳菲。CCTVキャスターの王瑞瑞も薄熙来から誘われたそうだが、これを婉曲にことわったという噂がネットに流れた。ハリウッドスターのチャン・ツィイー（章子怡）の名も挙がった。香港『蘋果日報』によれば、徐明が二〇〇七年に最初に六〇〇〇万元を彼女に支払い、薄熙来の相手をするように頼んだとか。二〇一一年までに一〇〇回を超える逢瀬が徐明によってアレンジされ、その報酬は一回につき一〇〇〇万元とか。北京に滞在中は、徐明の用意した北京市西山のプライベートホテルに滞在したとか。ただし、チャン・ツィイーはこの報道を真向から否定し、『蘋果日報』らを名誉棄損で訴えるとしたため、『蘋果日報』は慌てて、記事を取り消した。嘘か真かはわからないが、ゴシップニュースは、薄熙来の愛人は一〇〇人以上、うち有名人が二八人と伝えている。性サービスの彼女たちへの代価のほとんどを徐明が支払ったという。

そういう薄熙来の愛人問題で、もっとも噂になったのが大連テレビのキャスター、張偉傑である。薄熙来は大連市長時代、大連のイメージを代表するようなテレビキャスターを選抜するよう大連テレビに提案し、公開選抜の結果選ばれたのが彼女だった。当時二十歳をこえたばかりの張は、すでに結婚し子供も一人いた。だが、愛くるしい彼女に好色の薄熙来が手を出さないわけがなかった。二人の関係は瞬く間に業界のゴシップとして知れ渡った。

この時、開来の嫉妬は尋常ではなかった。

張偉傑が、薄熙来との不倫関係を隠すどころか、それを吹聴して自慢するような、怖いもの知らずの性格であったことも関係があるかもしれない。張偉傑は堂々とテレビ局で上司にこんなことを言うのだった。「今晩、熙来と会うんだけど、何か伝言あるかしら?」

あの生意気な小娘め、と開来が思ったかどうかは知らない。だが、彼女は張偉傑に執拗な嫌がらせをするようになった。たとえば「王紅」というペンネームで、地元紙に彼女の悪い噂を書きたてた。さらには公安警察や安全局の人員を動員して圧力をかけ、大連テレビ局のキャスターの仕事を辞職に追い込んだ。だが、開来の怒りはそこでとどまらず、ついには張偉傑を大連南山賓館に監禁して、せっかんしたとかしなかったとか、恐怖のあまり張偉傑はその賓館で自殺をはかった、といった話がまことしやかに語られている。

真相は不明ながら、その日を境に張偉傑は忽然と姿を消した。地元では開来に殺害されたのではないか、と噂された。あるいは、徐明の用意した一〇〇〇万元の口止め料をもらい、大連を去って北京の大学に再入学したという噂もあった。ひそかに薄熙来の娘を産み育てているという説もある。

当時の大連市副市長・袁憲千の娘の突然の事故死(飛び降り自殺?)も、開来のせいである、との噂があった。開来は袁の娘が勤めていた国営春海熱電有限公司の法律顧問であり、開来と仕事上の付き合いをしているうちに薄熙来がその娘に手を出した。開来の怒りと嫉妬を一方的に向けられた娘は死ぬしかなかったのだ、と。この娘の死について、当時、徹底した報道統制がしかれた。やはり尋常な死に方ではなかったようだ。

この頃から、開来は「平気で邪魔な人間を殺せるような怖い女」とささやかれるようになった。当時大連に進出していたある日系企業関係者は「法律上のトラブルは彼女の事務所に依頼しておけば百戦百勝。いざとなったら相手を事故や自殺を装って殺してしまうことだってできるんですから」と本気とも冗談ともいえない口調で述懐していた。

「洋鬼子」との情事におぼれる

薄熙来の浮気癖があまりにひどかったせいだろうか。開来が株主でもある霍瑞斯投資コンサルティング会社で雇った英国人コンサルタント、ニール・ヘイウッドと男女の関係となったのは、最初は薄熙来へのあてつけであった、と言われている。

ヘイウッドは一九七〇年、ロンドン西部のケンジントンで生まれ、八四年から八八年、名門パブリックスクールのハロウ校を出てウォリック大学で政治と国際関係学を学び、卒業後の九二年、北京語言学院（現在の北京語言大学）に留学していた。その後、北京でいくつかコンサル会社を経験したのち、大連で友人とコンサル会社を設立、ビジネスチャンスをつかもうと薄熙来に直接手紙を書いて自分を売り込んだところ、霍瑞斯投資コンサルティング会社を紹介された。

十四歳も年齢が離れているヘイウッドは当初、開来にとっては弟のような存在で、ヘイウッドに、大連娘の王露露を結婚相手に紹介したのも開来自身であったという。ヘイウッドは開来の勧めるまま、王露露と結婚し、すぐ子供を二人もうけた。

ヘイウッドがどういう人物かについては諸説あるが、北京に留学する前に、英国の情報戦略企業ハクルート・アンド・カンパニーに勤務していたという経歴がある。ハクルートといえば、MI6（英国軍情報部六課）を退役したメンバーらが一九九五年に創設し、英大手石油会社BP関係者も参与している。この経歴からヘイウッドが情報工作員であり、最初から情報収集を目的として薄熙来に近づいた、という見方もある。

開来とヘイウッドの関係は、最初は仕事上のパートナーに過ぎなかったはずである。だが薄熙来の浮気や息子の進学の悩みなどプライベートな問題をいつしかヘイウッドに相談するようになっていた。瓜瓜の進学問題については、ハロウ校出身のヘイウッドが英国留学を勧めたと言われている。ハロウ校からオックスフォード大学へと進学すれば英国で一流の人脈が築ける、と。九八年、瓜瓜の英国留学に、開来もついていった。馴れぬ英国暮らしでは、ヘイウッドを全面的に頼るようになった。この時、四十歳を過ぎたばかり、まだまだ女盛りの開来は、異国の開放感の中、ヘイウッドと肉体関係をもった、と言われている。

英『タイムズ』紙によれば、開来は英国有数のリゾート地、ドーセットの南海岸ボーンマスに愛の巣となるアパートメントを借り、ヘイウッドとは半同棲だったという。恋人同士のようにヘイウッドが開来の尻をもみながらアパートメントの階段を上っている様子や、早朝に開来の部屋の窓を開けながら煙草をふかしているヘイウッドの姿も近隣の人に目撃されているというから、二人は男女の関係を隠そうともしていなかったようだ。

開来は英国滞在中、英国人ボディガードを雇っていたが、そのボディガードも二人が恋人同士であると認識していたと、英メディアに語っている。そのボディガードによれば、中国共産党幹部が、開来とヘイウッドの不倫関係に不満をもち、二〇〇一年クリスマスに英国でヘイウッドに刺客を放ったことがある、そうだ。刺客の一人はシェフにふんして先に開来宅に入り込み下調べをし、その後三人の中国人が侵入しようとした。三人は英語が話せなかったが、武術を心得ており、ボディガードは顎に一発食らったという。警察が駆けつけたため刺客たちは逃亡したが、このとき開来は真っ青で木の葉のように震えていた、という。

一回り以上若い英国人を恋人にもった開来は、女として自信を取り戻したのだろうか。二人目の外人の愛人を持つ。今度はフランス人、パトリック・デビレルである。デビレルを開来に接近させたのは、ヘイウッドだと言われている。

デビレルは一九六〇年生まれの建築家。八九年に中国に旅行にきたとき、大連出身の満族で古箏奏者の関傑と恋愛関係になり、後に彼女をフランス・リヨンの音楽学校に留学させた。彼女は当時、フランスに留学中だった他三人の琵琶、二胡、声楽の音楽家とユニットを組んで欧州で音楽デビュー、大人気を博す。やがて二人は結婚、一児をもうけるが、デビレルは彼女の故郷の大連で事業を始めたいと言い、夫婦で大連に移り住んだ。

だがデビレルの最初の事業はパートナーの中国企業のせいで失敗、大きな債務を背負ってしまう。関傑は、この窮状を大連市長の薄熙来に手紙を書いて訴えた。関傑の祖父はかつて八路軍で賀龍一二〇師団長とともに戦った関向応政治委員だった。その革命家の家柄を知った薄熙来は、デビレルを助け、霍瑞斯投資コンサルティング会社に迎えいれた。ちょうど大連の建設ラッシュの時期であり、建築家デビレルの能力・人脈は大連で必要とされていた。

二〇〇〇年、開来は英国で中国の建設プロジェクトに対する欧州の建築事務所の窓口となる企業をヘイウッドの勧めで設立するが、その時の連合主席取締役にデビレルが選ばれた。この人選を強く推したのは、ヘイウッドであったと言われている。ほどなくデビレルと開来が男女の関係であるとの噂がたった。〇三年、デビレルは関傑と離婚した。

この西洋人二人と開来は、ある種のただれた関係にあったようだ。愛欲と権力と富と陰謀が複雑に交錯している。三人を知る英国ビジネスマンがかつて語ったところでは、開来はヘイウッドよりデビレルとの関係の方が親密であった、と『蘋果日報』が報道している。開来はデビレルとその父親がルクセンブルクに設立した不動産会社を通じて資金を洗浄し、大連で築いた多額の資産を海外に移転していたとも言われている。ヘイウッド自身も、薄熙来・谷開来夫婦の資金の洗浄と移転を手伝っていた。彼らは開来の権力を利用してビジネスをし、開来の愛人でもあり、薄熙来と開来の不正や汚職に加担した。そしてヘイウッドに関して言えば、薄熙来や開来および共産党の中央の動向に関する情報を英国側に流す情報員であった可能性もある。

開来は二人の「洋鬼子（西洋人の蔑称）」との関係におぼれている、と噂がたった。それまで彼女に憧れの君と思いを寄せ、献身的に仕事を支えてきた程毅君はこれに幻滅したのか、距離を置くようになった。程毅君は二〇〇〇年、仕事の拠点を大連から上海に移し、二〇〇六年には過去の自分を捨てるかのように程家昌と改名する。公の場では、開来とのかかわりも、大連でのビジネス経験についても進んで語ることはしなくなった。二人の間にどんな感情の行き違いがあったかを推測する材料はほとんどない。

出世できない男を見下す

そんな深い関係のヘイウッドを開来が殺害する。これはいったい何が起こったというのだろうか。

ヘイウッドは二〇一一年一一月一五日、重慶市南山麗景度假酒店の一室で遺体で発見された。この時の警察発表では「死因は過剰飲酒による心臓麻痺」だった。これがのちに、覇道を突き進んできた薄熙来と開来夫妻を破滅に導くきっかけの事件となる。

その前に夫婦の周辺環境の変化について整理しておこう。

薄熙来は大連市の市長として都市再開発、対外貿易、環境政策で成果を上げ、大連を「北方の香港」と言われるまでのこぎれいな都市にした。だが九七年の第一五回党大会では中央候補委員に落選。薄熙来は当然当選すると思い込み、これに合わせて出版しようと自己PR本の原稿も用意していただけに、相当な挫折感を味わった。しかも、ひそかに見下していた習近平が中央候補委員入りしていた。ショックのあまり病になったのか、気鬱でひきこもったのかわからないが、大会を終えて大連に帰ってきたあと二〇日間、大連市友誼医院に入院した。開来はこの時、薄熙来を一度も見舞いに行かなかったといわれている。彼女は「出世できない男」「野心の無い男」をこの世で最もバカにしており、心底、薄熙来に失望してしまったのだという。

だが薄熙来は九九年に大連市書記兼市長に昇格。二〇〇〇年に市長を引退し大連市書記に専念。〇一年に遼寧省副書記、遼寧省長となる。この背景には、中央の権力闘争において薄熙来の父・薄一波に強い恩義を感じている江沢民の働きがあった。〇二年の第一六回党大会でようやく党中央委員に選出された。東北振興政策にゴーサインがだされ、薄熙来に追い風がふく。〇四年、商務部長になってまだ一年の呂福源が肝臓がんで退任、ぽっかりあいた中央閣僚ポストに滑り込んだ。〇三年、呂福源の体調悪化が伝わったころ、盛んに英語能力の高さや東北振興での取り組みをアピールした結果でもある。

ようやく、ライバル視していた習近平と同じ舞台に立てた薄熙来は、二〇〇七年の第一七回党大会で政治局委員となり、翌春に呉儀が引退するであろう副首相ポストを狙い再び江沢民および周辺に根回し工作を始める。

だが、このときは功を焦りすぎた。江沢民が直接恩義を感じていた薄一波は〇七年一月に死去し、父親の七光りはもはや通じない。しかも、呉儀自身が薄熙来に後任をつがせることは断固拒否した。野心家で生意気な薄熙来を嫌う党中央幹部は少なくなかった。呉儀は「薄熙来を後任にしないという願いを聞いてくれれば、裸退（次にポストが用意されない完全引退）でよい」とまで言ったという。このため、薄熙来は重慶市という直轄市ではあるものの地方都市に再び飛ばされるのだった。

谷開来は息子・瓜瓜の英国留学に同行して、二〇〇〇年から二〇〇三年にかけて、英国に滞在していた。この頃、浮気性の薄熙来と本気で離婚し、英国に永住するつもりではなかったか、という噂もある。だからこそ英国で会社を設立し、ヘイウッドと半同棲し、デビレルとの愛欲におぼれていた。

だが〇二年に夫が中央委員となり中央政界への進出が決まると、ボーンマスでの刺客襲撃事件の影響もあり、ヘイウッドらとの肉体関係を自重しはじめる。〇八年、薄熙来が再び地方勤務になったとき、開来の中で、何かが変わった。彼女は、今こそ夫を再び中央政界へと出世させること、つまり党中央政治局常務委入りさせる最後のチャンスだと考え、これまでの恨みをいったん忘れて、薄熙来出世のために積極的に協力するようになったという。

その傍証、というわけでもないが、薄熙来の商務部長としての最後の登庁日のお別れのあいさつの動画が『YouTube』に残っている。商務部庁舎の赤じゅうたんが敷いてある正面玄関階段のところに、商務部職員だけでなく運転手や料理人までがズラリとならび、拍手し、花束を持って薄熙来と谷開来を迎えている。二人はまるで皇帝と皇后のような雰囲気で階段の上に立ち、手をふりながら「みなさん、お疲れ様」と商務部長時代四年間の部下たちの労をねぎらい、「団結こそ力〜」と大合唱するのである。これを今振り返ってみて、知り合いの記者がこんな感想をもらした。「たかが商務部長なのに、谷開来ときたら、まるで国家主席夫人になったかのような顔だな。いつか、国家主席夫人になってやる、という強い意志が感じられる表情だ」

実際、重慶での開来の働きは、大したものだった。薄熙来が重慶で「打黒唱紅」（マフィア・汚職官僚一掃と共産党賛歌を歌い民衆の歓心を買う）キャンペーンを展開し、大衆動員型の政治運動をしかける裏で、ヘイウッドやデビレルを通じて欧米に人脈を作った谷開来は、主に海外のメディアや学者を懐柔し、薄熙来の政治家としてのポジティブな宣伝と、現共産党中央政権の古臭さに対する批判を西側の声として広める役割を担った。そんな開来が、なぜヘイウッドを殺す必要があったのか。

ヘイウッド事件の内幕

ヘイウッド事件にもどる。

死亡時刻は二〇一一年一一月一四日と発表されたが、ホテルの従業員が遺体を発見したのは一五日になってからだった。この事件の捜査を指揮したのは、後に四川省成都の米総領事館駆け込み事件を起こした重慶市公安局長の王立軍である。重慶市警察は一六日に早くもヘイウッドの死因が過剰飲酒であると重慶の英国総領事館に報告。英国の外務次官は一六日午前に薄熙来と面会し捜査や通報の手順などを確認した。一八日、ヘイウッドの妻と英国総領事館はヘイウッドの遺体の火葬を決定し、火葬および葬式には英外交官一名も出席した。ヘイウッドは過剰飲酒による死として報告書がまとめられ、事件はこれで終わるはずだった。

二〇一二年二月六日、世界を揺るがす大事件、王立軍の米総領事館駆け込み事件が発生する。ヘイウッド事件の捜査指揮を行った重慶市の公安局長の王立軍が老婆に扮装し、車を駆って成都の米総領事館に逃げ込み、政治亡命を求めた。この時の取引条件に、薄熙来や中央共産党の秘密情報を提供することを申し出たという。このとき、王立軍は「ヘイウッドは殺害された」とも証言した。

王立軍はもともと遼寧省鉄嶺市公安局勤務時代に薄熙来と出会い、薄熙来が大連市、遼寧省の指導者時代、その懐刀として辣腕をふるい、「東北の虎」と恐れられた刑事だった。薄熙来に対しては深い恩義を感じ、決して裏切らないと、忠誠を誓っていたと伝えられる。薄熙来もそんな王立軍を信頼し、重慶市書記になったとき、わざわざ遼寧省錦州市公安局から引き抜いて重慶市公安副局長ポストにつけた。薄熙来が重慶市で行った「打黒唱紅」では、やはり泣く子も黙る非情さで五〇〇〇人以上を逮捕、一三人を死刑に処した。拷問による自白強要や証拠不十分逮捕なども あり、冤罪も多かったとされるが、それもすべて薄熙来への忠誠心のあらわれ、と言われていた。

だが、そんな王立軍が米総領事館に駆け込んだのは、薄熙来の刺客から逃れるためであったという。

事件直後、米総領事館周辺を重慶市から王立軍を追いかけてきた警察車両が包囲した。これは中国の地方においては明らかにルール違反の越権行為だが、薄熙来が重慶市長の黄奇帆に「一切の代償をおしまずに王立軍の口を封じよ」と命令したのだった。これを目撃した人たちが「何事か」と驚いて『微博（インターネットのマイクロブログ）』などにつぶやいたため、メディアが報じるよりもはやく事件は瞬く間に広まった。

間もなく、米総領事館も王立軍駆け込みの事実を認めた。オバマ大統領はこの亡命申請を拒否。王立軍は重慶市への返還だけは嫌だというので、北京の胡錦濤政権の腹心である国家安全部副部長・邱進《きゅうしん》に引き渡された。

王立軍がこの時、ヘイウッド事件について明らかにした新事実とは次のようなものだった。

二〇一二年一月二八日、王立軍が薄熙来に、ヘイウッド事件に開来が深く関わっているという証拠を示した。翌日午前、薄熙来は王立軍を呼び出し、強く反駁、怒りにまかせて平手打ちをかませたという。王立軍は、この直後の二月二日に公安局長職を解任される。やがて王立軍は自分の部下ら三人が違法な取り調べをひそかに受けていることを知り、また運転手の不審死などを見て、命を狙われていることを悟り、中国で薄熙来のような権力者ですら手を出せないほぼ唯一の場所、米総領事館に逃げ込むことを決意したという。

王立軍事件後まもなく、中国の公式発表としてヘイウッドの死が谷開来と使用人である張暁軍が共謀した毒殺事件であることが明らかにされた。

開来は多額の口止め料をヘイウッドの妻・王露露および英国にいるヘイウッドの母親と姉に渡し、過剰飲酒による心臓麻痺が死因ということを納得させていたといわれる。

後に行われた開来を裁く裁判での張暁軍の証言によれば、事件の経過はつぎのようなものだった。

一一月一二日、開来は張暁軍に「ヘイウッドに会いたいから、重慶に来るように伝えて」と頼んだ。張暁軍は北京までヘイウッドを迎えに行き、一三日に重慶に連れてもどり、南山麗景度假酒店一六階の一六〇五室に宿泊させた。

その夜、開来は張にあらかじめ準備しておいたシアン化合物の殺鼠剤の瓶を渡し、殺害計画を伝えた。張は最初、殺害計画に加わるのを嫌がったが、開来との人間関係の深さから黙って従うことにした。

一三日午後九時ごろ、開来と張暁軍は高級ウイスキーや高級茶、殺鼠剤、そしてドラッグ類の錠剤を携えてヘイウッドの部屋を訪れた。「あと二日で私、誕生日なの。きょうは一緒にこれでお祝いしてね」と言いながら。ヘイウッドは元々下戸だが、この日は特別ということで、二人で部屋で酒を飲みはじめた。張暁軍は部屋のドアの外で待機していた。ヘイウッドは、すぐに酔い始めて、トイレに行った。その隙に開来は毒薬を持った張暁軍を呼び入れた。トイレから出てきたヘイウッドは足元がおぼつかず、張暁軍の助けをかりてベッドの上に横たわった。吐いたようで、水を求めたので、開来は醤油差しに水を入れ、ベッドの左側に座って、酔って朦朧としているヘイウッドをなだめるように水を飲ませた。その醤油差しにはシアン化合物をあらかじめ入れてあったのだ……。

ヘイウッドの死を確認してから、二人は自分たちの触ったコップなどを丁寧に洗い、自分たちの痕跡を隠した。またドラッグの錠剤を部屋の床上にこぼし、いかにも酒と薬物の過剰摂取で心臓麻痺を起した様子を偽装。部屋を出るときには「請勿打擾」（起こさないでください）の札をドアのノブにかけておいた。

翌日一四日昼ごろ、開来は公安局長の王立軍を自宅に呼び出して、一三日の夜に行ったことの次第を打ち明け、助けを求めた。裁判で開来はこう証言した。「そのとき王立軍は『もうこの事件のことは悩まなくていい。今後、事件とあなたは無関係。忘れてしまいなさい』と。私は『心配だわ』と言ったけれど、彼は『一、二週間たてばすべて丸くおさまる』と言ってくれました」

だが、王立軍はこのときの会話をこっそり録音しておいた……。

王立軍との愛憎

谷開来はなぜ、王立軍に事件の真相を打ち明けたのか。そして王立軍はなぜ開来との会話を録音しておいたのか。

当時、王立軍は開来の飼い犬である、という噂があった。まるで西太后と安徳海や李蓮英のような関係だと。薄熙来が王立軍を重慶にひっぱってきたのは、開来の提案であった。また王立軍の妻子の安全を守るために北京に住まわせるこまごまとした手配をしたのも開来だった。重慶に住んでいれば、「打黒」キャンペーンの陣頭指揮に立つ王立軍の妻子は報復のターゲットになる。

開来は、王立軍妻子の北京暮らしに必要な書類から武装警察による警護の手配、娘の大学進学や卒業後の就職の口利きなどをふくめて、全面的にバックアップした。王立軍が重慶市公安副局長に着任したとき、開来の心配りに感激し、深い忠誠を誓ったと言われている。たとえば開来が五つ星ホテルで食事中に突然腹痛を起こしたとき。王立軍はすぐさまホテルの厨房に乗り込んで、現場を封鎖、調理場の化学検査を実施した。その献身ぶりに、周囲の人たちは「王立軍は天も地も恐れぬ猛者《もさ》だが、唯一、市党委書記夫人だけが恐いらしい」とささやきあった。

王立軍は開来に対して、感謝と同情から夜の相手をしたこともあった。薄熙来と開来は確かに中央政界への返り咲きという共通の政治目的で協力関係にはあったが、夫婦としての情愛の関係は冷え込んでいた。好色で知られる薄熙来は、重慶の大手ホテルのスイートルームで夜な夜な若い美女と淫楽に興じている。だが、開来の寝室には近づくことすらなかった。

開来の孤独を哀れに思って、彼女を慰めはじめたのがきっかけだった、と言われている。そういう深い関係であったので、開来はヘイウッド毒殺を王立軍にも打ち明け、助けを求めたのだろう、と。

田一川の『谷開来「家族」』によれば、事件前、シーツの間に二人でいるとき、開来は王立軍に「ヘイウッドは排除する必要がある。麻薬密売容疑の現行犯などで、撃ち殺すことはできないか」と持ちかけたことがあるという。王立軍はリスクが大きすぎると拒絶した。王の拒絶理由は主に二つ。そんなことをすれば、二人の不倫関係が暴露されてしまうかもしれない。そして中央政法委員会からの調査が入るだろう。王立軍はこのとき心底、開来を恐ろしく感じたらしい。事件後、彼女との対話を録音したのは、刑事としての防御本能が働いたのかもしれない。

裁判では、王立軍の供述は核心的な証拠となった。開来は法廷で王立軍について話すとき、両手を震わせながら「王立軍はあまりに陰険すぎる！」と何度も強調したという。

裁判所に提出された王立軍の供述書によれば、事件の捜査として一五日、開来とも関係のよい郭維国公安副局長（当時）ら四人の腹心を派遣したが、郭らには開来の犯行であることを伝えなかった。また現場で押収された証拠品については、鑑識に回さないよう手配し、自分で保管した。「私は己の保身ばかりを考え、この事件に直面したくありませんでした」と王立軍は当時の心境を振り返っている。

一六日、郭維国ら捜査班メンバー四人は、ヘイウッドが過剰飲酒で死亡したとの報告書を出し、王立軍はそれに異論を唱えなかった。ホテルの部屋に開来らが入った様子などが映っていた監視カメラ映像は、王立軍が回収し、開来に渡した。

このことについて開来は法廷でこう証言している。「王立軍は、この監視カメラ録画には、あなたが事件直前にヘイウッドに会いに行っている様子が映っています。あなたが訪れたあとには誰も来ていません、と言って、録画DVDをくれました。それで王立軍が、私を守ってくれるつもりなのだと思いました」

一八日、ヘイウッドの火葬があった日、王立軍は開来に電話し、左慈（中国後漢時代の方士）の故事にたとえて「化作青煙、駕鶴西去」（死体は青い煙となって、鶴にのって西へ飛び去った＝毒殺の証拠となる遺体は煙となって、ヘイウッド事件は過去のものとなった、という暗喩）とだけ、メッセージを伝えた。

ここまで開来を守ろうとしていた王立軍だが、一二月になってその心境が変化する。供述書にはこうあった。

一二月一四日、開来は郭維国らへイウッド事件捜査班メンバー四人を招いて食事会を開いた。自分のために殺人事件の証拠をもみ消してくれたことへの慰労である。だが、王立軍にとっては、これは面白くなかった。その翌日、郭維国は他の捜査班メンバーとともに北京に赴き、北京にいた王立軍と会ったが、そのとき王立軍は部下たちを口汚く叱責した。この叱責がおそらく重慶にすぐに伝わったのだろう。それ以降、かつての熱情も嘘のように、開来は王立軍に対して冷淡になり、王立軍をあからさまに避けるようになった。二〇一二年一月二八日、王立軍は開来が信用できなくなり、ヘイウッド事件に開来が関わっていることを薄熙来に報告。翌日二九日午前、薄熙来と王立軍が決定的に対立する「平手打ち」事件が起きる。その場にいた郭維国は「平手打ち」について、「王立軍をめぐる矛盾がこのとき表ざたになった」と供述している。この出来事こそ、王立軍に米総領事館への駆け込みを決心させた、と言っていいだろう。

薄熙来と王立軍の破局はその前から予兆があった。中央規律検査委が、やたら存在が目立ち始めた薄熙来の失脚をねらって、まずその腹心の部下・王立軍をターゲットに定めて二〇一〇年から遼寧省鉄嶺市公安局の集団汚職の捜査を開始。鉄嶺市公安局は王立軍の古巣である。この汚職事件の延長で、王立軍が中央規律検査委に秘密裏に尋問を受けていた。これを薄熙来が知ると、王立軍が薄熙来を裏切って自分の汚職の暴露証言を行ったのではないか、と疑心暗鬼になる。

一方、王立軍は自分が疑われていると気づき、薄熙来に消されるのではないか、と疑心暗鬼になる。王立軍が薄熙来を売ったというリークも薄熙来側にあったらしい。開来が急に冷淡になったのはそのせい、という見方もある。王立軍が開来のヘイウッド殺害関与をわざわざ薄熙来に告げたのは、自分を見捨てさせないための脅しと嘆願と見られている。

薄熙来はなぜ平手打ちをしたか、ということについて、後々、ゴシップ好きの中国人知識人の間で諸説が流れた。王立軍は長年、薄熙来のために汚れ仕事をしてきた腹心の部下である。薄熙来にヘイウッド事件の真相を話した時点で、王立軍にはまだ薄熙来への忠誠心がほんの少しはあったのだろう。だからこそ、開来とヘイウッド事件の関与を話して、開来を制御してもらおうと望みを託した。

だが不器用な王立軍は、おそらく開来との肉体関係なども含めて洗いざらい打ち明けてしまった。その告白で二人の関係を初めて知った薄熙来は夫としての嫉妬から思わず、王立軍に平手打ちをしてしまったのではないか。確かに薄熙来は自分の裁判で、王立軍について憎々しげにこう訴えていた。

「あいつ（王立軍）は谷開来にひそかに惚れていたんですよ。感情にとらわれて抜け出せなくなり、谷開来に告白した。自分の顔を自分で平手打ちしながら。谷開来は『あなた、普通じゃないわ』と言ったら、あいつは『昔の私が普通じゃなかったんです。今は正常です』と言ったとか。そう手紙に書いてあった。自分のモノがこんな風に突然奪われるなんて思いもよらなかった。あいつは私の性格を知って、私の家庭を侵害し、私の基本的感情を侵害した。それがあいつが裏切って（米総領事館に）逃げた本当の理由だ。王立軍は実際、水をかき回して濁らせたかったんですよ！」。これは本心かもしれない。

利用し尽くした人間を知りすぎた危険人物として切り捨てるのは、酷薄な薄熙来のこれまでの流儀ではあった。だが、人前で平手打ちという中国人的価値観から言うと最大級の侮辱を、情報を持ちすぎる有能な部下に与えることは、政治と陰謀の渦中に身を置く人間のやり方としては大変まずい。有能な腹心を切り捨てるときは笑顔で相手に気づかれないように、いきなりばっさり、が常套である。

そういう冷静な判断ができないほど薄熙来が激昂する理由が、もし開来と王立軍の男女関係への嫉妬だというなら、この夫婦の間にはやはりまだ愛情というものが存在していたのだろうか。

このあと、王立軍は、ひそかに保管してあったヘイウッド事件に関する証拠品や秘密録音テープを捜査班メンバーでもある刑事警察総隊長・李陽ら複数の腹心に預け、さらに安全なところに整理して隠しなおした。二月二日、王立軍は公安局長を解任され、さらに部下ら三人が違法な取り調べを受けていることを知り、身の安全のために、六日午後に成都の米総領事館に逃げ込む。その後の事態はすでに、大きく報道されているとおりだ。

本当の殺害理由は?

開来が、かつて愛し合ったこともあるヘイウッドを殺害した理由についても、諸説が流れている。開来が法廷で述べた殺害動機は次のようなものだった。

「ヘイウッドと知り合ったのは、二〇〇五年前後のころです。息子が英国留学するにあたって、ヘイウッドが自己紹介状をもって私たちに面会にきたのです。ヘイウッドと瓜瓜は土地(重慶江北区フランス不動産プロジェクト)を共同で投資していたのですが、これが失敗してしまいました。その収益の分配をめぐって息子とヘイウッドに利害の対立がありました。ヘイウッドの行動は、息子の身の安全への脅威を感じさせるものでした。息子を何とか守らねば、と殺害を決意したのです……」

この時の弁護士の説明によると、ヘイウッドは瓜瓜に支払を求めたが、これが拒絶されると瓜瓜を呼び出し英国で軟禁したことがあり、このヘイウッドの行動が、開来を犯行に突き動かした直接のトリガーだったという。

だが、この証言に嘘がまじっていることは明白だった。さまざまな資料、証言から、開来とヘイウッドの出会いは九〇年代末であることがわかっている。これは母親の息子を案じる気持ちを前面に押し出して、傍聴人の同情を買い、判決を軽くするための演出だと見られている。

では本当の動機は何か。これはもはや推測でしかないのだが、巷では次のような説が流れている。

一見ばかばかしいものもあれば、まことしやかなものまで、簡単に列挙しよう。

①ヘイウッドと薄瓜瓜の同性愛説

ヘイウッドと薄瓜瓜が同性愛関係にあったことを開来が知ってしまった。少年時代から英国留学した瓜瓜は、家庭教師であり世話係だったヘイウッドにもてあそばれたのだと開来が思い込んだ。あるいは瓜瓜がヘイウッドにべたぼれで、力ずくで別れさせることができない。同性愛は共産党幹部としての未来にとって決定的に傷となる。そこでヘイウッドを断固排除せねばならないと考えた……。瓜瓜の化粧写真がネットで流れたことも、この説の根拠とされている。これはガールフレンドに頼まれて撮ったジョーク写真であったと言われているが、性愛に保守的な思考の人間が多い中国では、薄瓜瓜の同性愛者説が流れた。

②ヘイウッドと開来の男女関係のこじれ説

かつて二人が不倫関係にあったことは、周辺の証言からほぼ事実と信じられているが、〇二年以降、開来は薄熙来の中央政治局委入りをきっかけに関係を解消したと言われている。彼女は愛欲よりも、政治的野心の強いタイプだと思われていた。ところが、ヘイウッドの方が今頃になって関係を蒸し返そうとしてきて、開来にとっては目障りになってきた。おりしも薄熙来が中央政治局常務委入りするかしないか、つまり国家指導者の地位に登るか登らないかの敏感な時期、昔のスキャンダルがどんな形で権力闘争の政敵に利用されるかわからない。それで、ヘイウッドを自らの手で排除すると決断した……。

だが、この説についても、まだまだ男盛りで見た目も美丈夫なヘイウッドが五十五歳にならんとする開来にそこまで執着するだろうか、と疑問が呈されている。開来はこの当時、鬱病の気があり、ほとんど公式の場に姿を見せていなかったが、実際に見かけた人たちによれば、昔年の美しさの片鱗を見つけることができないほど容貌が衰えていたという。

③開来の情緒不安定説

夫からすでに女性として扱われなくなり、孤独にさいなまれ、鬱病気味であった開来は、周囲のだれもが信じられず、疑心暗鬼になっていた。そこでヘイウッドの忠誠を確かめるために無理難題を言うようになり、ヘイウッドに忠誠の証に離婚せよ、と迫っていた。これをヘイウッドが拒絶したため、開来は怒り、殺害を決めた……。新華社は、開来が慢性の失眠症、焦慮抑鬱症状、偏執症状などで医師の診療を受けたことがあった、と報じていることが、一つの材料となっている。

④ヘイウッドの強請《ゆすり》説

薄熙来・開来夫妻の不正蓄財資金を洗浄し、海外の銀行への移転を手伝っていたヘイウッドが、その手数料金を三%から八%へ値上げ要求。応じなければ、これまでの薄熙来らの汚職の実態を公にすると脅した。放っておくと、要求がエスカレートしかねないと判断し、殺害を決意した。

⑤ヘイウッド間諜説

ヘイウッドがハクルート・アンド・カンパニー出身の情報員である可能性については英国メディアが報じ、少なからず証言もでている。薄熙来の不正や汚職に加担もし、その内側に入り込んでいるヘイウッドは、薄熙来が第一八回党大会で政治局常務委入りすれば、中国の国家機密級の情報を薄熙来・開来から強請り取ることもできる、と考えるのではないか。そういう事態を懸念して、開来が薄熙来に代わってヘイウッドを排除した……。ヘイウッドが死亡した直後の英国総領事館の無関心に近い鈍い対応は、「死して屍拾うもの無し」という隠密の定めに従ったものだったから。王立軍がヘイウッド事件の証拠をもって駆け込む先が、英総領事館でなく米総領事館であることも筋が通る、という。

⑥開来冤罪説

もう一つの奇説は、開来冤罪説である。ヘイウッドを殺害したのは開来ではなく、別の何者かであるという。

最高人民検察院検察技術情報研究センター副主任の法医学者・王雪梅が「ヘイウッドの死因はシアン化合物か?」という論文をネット上で発表したことが、この説がクローズアップされたきっかけとなった。論文は「公判で明らかになった証拠だけでは、ヘイウッドの死因がシアン化合物である、という法的科学的根拠が不充分」という内容で、王雪梅はシアン化合物による中毒死は一目でわかる赤い死斑が出るものだが、公安機関が規定により必ず行う検死の結果報告書にはそういったことが一言も書かれていない、検死を担当した法医がわざと事実を隠ぺいしたというなら、公安の法医関係者も罪に問われるはずだが、立件されていないのでおかしい、と指摘。しかも開来の供述する殺害動機にあまり説得力がないという。ただ王雪梅のような中央の法医がこうした意見を発表すること自体、体制内の一部派閥の意図を反映しているのではないか、という疑いもでた。

推理の基本に戻れば、誰がヘイウッドを殺害して、一番得をするか、である。結果からみれば、ヘイウッド事件をきっかけに王立軍事件が起き、一時は政治局常務委入りも取りざたされていた薄熙来が完全失脚した。

薄熙来は「打黒唱紅」に象徴される大衆動員型の政治キャンペーンで、いわば二度目の文化大革命をおこし、青年時代からライバル視していた習近平からの政権奪取までシナリオを描いていたと言われている。そのために、成都軍区第一四軍に根回しし、当時公安・司法部門を管轄していた中央政法委員会書記・周永康を賄賂と美女で籠絡し取り込んでいた、という。王立軍が米総領事館に駆けこんだとき、ヘイウッド事件の証拠とともに持ち出したのは、そのクーデター計画の情報であったとも言われている。うかうかと中央政界に招き入れても、重慶市に置いておいても、共産党中央政権にとっては、後々の禍の種となりかねない厄介な人物だった。こういう形で失脚させることができたのは現体制にとって僥倖であった、と言えよう。

薄熙来事件の内幕を取材し続けている亡命ジャーナリスト・姜維平がメディアに語っていた

言葉が印象深い。

「この事件は開来が犯人かどうかということが問題ではなく、彼らの上層の利益集団内部の人々をめぐる問題である。体制側が、世論をあえてミスリードすることはたやすい。統治者は簡単に民草の口を封じることができる。ヘイウッド事件に拘わらず、民草の冤罪を根絶したいと思うなら、やはり政治体制を変革しなければならない」

薄熙来は八月二二日から五日にわたる公判を経て、九月二二日に無期懲役判決、政治権利終身剝奪、全財産没収の一審判決を受けた。

悪女か、悪女を演じたのか

二〇一二年八月二〇日午前、合肥市中級人民法院でヘイウッド殺害事件主犯の薄谷開来に対する判決が言い渡された。死緩。つまり本来は死刑に相当する重罪ながら、情状酌量の余地があり、二年の執行猶予がある。二年後に無期懲役に切りかわり、模範囚であれば減刑される。実質は一四年から二〇年程度の刑になる。王立軍は二〇一二年九月五日に収賄、逃亡、職権乱用などで懲役一五年の刑をうけたので、彼より若干長めの服役となるだろうか。

被告席に立った開来は、囚人服ではなく小ざっぱりとした濃紺のスーツ姿で、裁判長の判決文読み上げの声を聞いたとき、すこし笑みを見せたようでもあった、という。彼女がヘイウッドやデビレルらを通じて洗浄し海外に移転した六〇億ドル以上と言われる不正蓄財資金については、裁判で問われることはなかった。また息子・瓜瓜の証人としての出廷要請も強制帰国命令もなかった。

一説によれば、開来は、一人息子の瓜瓜に累が及ばないという条件と引き換えに、法廷では反駁を一切せずに粛々と判決を身に受けるという司法取引をしたという。ひょっとすると開来が口を開けば、今の共産党体制を根底から揺るがすような新事実が飛び出てくるのかもしれない。そう考えると、あえて胡錦濤国家主席（当時）の故郷で行われたヘイウッド事件裁判は、第一八回党大会を前に噴出した体制の矛盾と権力闘争の残骸を一人の悪女の身の上に背負わせることで体制の延命を図る政治ショーだったのかもしれない。

革命家の名門家庭に生まれ、強いコンプレックスと野心を隠すこともなく、貪欲に欲しいものに向かって突き進んだ開来。生年を変え、名を変え、姓を変えて自分の未来を切り開いてきた。自分の人生を賭ける男として、薄熙来を選び、奪いとり、その権力と人脈を最大限に利用し自らのキャリアを積んできた。その美貌と肉体で崇拝する男たちを味方につけ、その献身によって巨万の富を得て、女王のように君臨した時代もあった。夫の権力への野望を共有し、その手を汚すことも辞さなかった。

この強いコンプレックスとあくなき権力欲と金銭欲と情欲は、かつて毛沢東の発動した文化大革命を主導した江青を、確かに彷彿とさせる。夫の薄熙来自身が文革まがいの大衆動員の政治キャンペーンで権力闘争を仕掛ける毛沢東の手法を模倣しているのだから、妻の開来も江青を模倣したのかもしれない。薄熙来がそのスケールで毛沢東に遠く及ばないように、開来も文革で大勢の人々を死に追いやった江青の残虐さには遠く及ばない。だが、自分の中の卑屈さと闘いながら、男たちを踏み台にして、欲しいものを次々と手に入れていく様子は共通している。

最後の裁判ショーを見て、彼女は、多くの人々が期待する江青ばりの悪女を演じきったのだ、と思った。江青も女優であったが、谷望麗が何度か名を変え、最後に薄谷開来と姓を変えたのは、彼女はその時代に割り当てられた悪女役を自ら担う覚悟を示したのではないか。

彼女が獄死したり、江青のように自殺したりすることがなければ、十数年後には出所しているだろう。その時、彼女の名はどうなっているのか。

悪女の名を脱ぎ捨てて、ひっそりと息子・瓜瓜と余生を送っているのか。あるいは、薄熙来と開来を失脚させた政敵たちをなお脅かす存在で居続けているのか。その時、彼女を見つけ出してインタビューしたいものだ。

第2章　温家宝の妻のダイヤモンド女王――張培莉

黄土高原ではぐくまれた愛

「悪妻は六〇年の不作」という。悪妻とは性格の強い妻、金使いの荒い妻、夫の権力を使って金儲けする妻、嫉妬心の強い妻、夫の足をひっぱる妻、夫をつぶす妻。とすると中国の高官の妻たちは、おおむね悪妻ではないか。その筆頭は前首相の温家宝の妻・張培莉《ちょうばいり》だろう。

平民宰相と呼ばれ、大地震や大災害の現場では陣頭指揮にたち、庶民の苦しみを前に涙を浮かべて同情を寄せる姿でも知られる前首相・温家宝。庶民からは「宝宝」という愛称で呼ばれ、極道顔揃いの中国指導者の中で数少ない好々爺のイメージを持つ。それゆえ、その妻、前首相夫人の張培莉の悪妻ぶりは、批判の的になった。一時は不正蓄財で司直の手が入りかねない、として、温家宝も政治生命を守るために離婚も考えた、と言われる。

振り返ってみれば、温家宝が首相時代、妻を伴って外遊や公式の場に登場したことはほとんどない。建前では、張培莉は自分のビジネスに忙しいため。だが、本当のところは「ダイヤモンド女王」の異名もあるゴージャスな張培莉を伴うと、これまで築いてきた温家宝の庶民の味方、平民宰相のイメージが崩れてしまうからだ、と言われている。張培莉の身に着けている宝石、そして取り巻きの富豪実業家たちをみれば、誰もが温家宝の不正蓄財を疑う。だが、彼女も温家宝に出会ったときから悪妻であったわけではない。

張培莉は甘粛省蘭州市の出身で、温家宝より一歳年下の一九四三年生まれ。文革のさなか、蘭州大学地質地理学部を卒業し、甘粛省地質局で岩鉱鑑定の職についた。そこで温家宝と出会う。

温家宝は天津市で中学校の地理教師の父親と小学校の国語教師の母親の間に生まれ、南開中学卒業後、一九六〇年に北京地質学院へ入学。研究生課程を終えて一九六八年、党の技術者として甘粛省地質局地質力学隊に配属された。当時、地質学というのは汚い、きつい、危険の3K学問であり、必ずしも人のうらやむコースではない。甘粛という灼熱の太陽に乾いた黄土高原の地での過酷な任務の中で出会った若い同年代の二人はすぐに恋におち、一九七〇年には結婚した。温家宝二十八歳、張培莉二十七歳のときである。

温家宝の当時の仕事は、今は宇宙ロケットの打ち上げで知られるようになった酒泉を拠点に河西走廊区を地質調査に歩き、鉱物資源の勘査開発、測量、地質環境評価などを行うことだった。

当時、温家宝と同じ隊に所属していた陳延京の回顧が『中国新権貴之官夫人』(明鏡出版社)に引用されている。それによれば、酒泉区の地質調査隊は約四〇〇人。約三〇人の分隊、五、六人の小隊に分かれて任務にあたった。

調査の現場は、昼は刺すような太陽光が降り注ぎ、夜は厳寒に凍える地域。水もなく緑もなく、およそ生命が生存する条件としてはもっとも過酷な黄色い大地だ。

テントや食料、測量機械など大量の荷物を携えて、何日も馬にのって移動しながらキャンプし、地質調査を行う。ときに、馬を駱駝に乗り換えて灼熱の砂漠で作業することもあった。暴風雪吹き荒れる四〇〇〇メートル級の山岳地域を登ることもあった。雪中の行軍のときは冬山の装備が不十分で凍死してもおかしくない。食事は粥に漬物程度の粗末なもので、いつも不足していた。エンジニアの温家宝は、夜寝るときですら服を着替える暇もないほど多忙だった。

そういう過酷な環境が悪妻を天女に見間違えさせたのか。

いや、張培莉もこの頃は、思いやりのある純情な女性だった。彼女は地質局内の研究室での仕事なので、危険な目にはあわず食料も足りていた。だがいつも荒野で過酷な任務についている温家宝のことを気にかけ、しばしば、自分で焼いた大餅や栄養になるものを、野外で活動している調査隊に車で届けるなどした。温家宝は彼女の愛情を嬉しく思ったが、届けてもらった食料は自分ではほとんど食べずに、隊の仲間に気前よく分けたという。

あるとき温家宝の部下にあたる隊員の一人が調査中の事故で死亡した。残された妻と四人の子供は何の補償もなく、生活苦が待ち受けている。残された妻は貧しさから二歳の末っ子を人に譲ろうとしたが、張培莉はそれを説得して思い留まらせたという。そして遺族を慰めるために自分たち夫婦の新しい羽毛布団を妻子に贈った。自分たちはその遺族の妻子が使い古した布団を貰い受け、それを洗って使ったという。

温家宝と張培莉は、人情に篤い心の温かい夫婦だったと隊の仲間たちから慕われていた。夫婦はお互いを思いやり尊敬しているふうに見えた。だが、温家宝と張培莉の性格はまったく正反対だったことも確かだった。温家宝は内向的で、謙虚で物静かで神経質なところがあった。一方、張培莉はおおざっぱで、社交的で、単刀直入にモノを言い、歌や踊りが大好きだった。情熱的で、思ったら一直線、突進するタイプだったので、同僚たちは彼女のことを「一陣の風」と呼んだ。誰かに「力を貸して」と頼まれると断れない、親分肌のところもあった。温家宝はこの妻の強過ぎる性格をたしなめることがあったようで、張培莉はかつて同僚に「夫がいちいちうるさいのよ」とぼやいていたことがあるという。

一方、張培莉にも温家宝に気に入らないところはあった。温家宝がおしゃれをしない、という点だ。温家宝は一年を通じて青い中山服を着たきりだった。一九七九年に甘粛省の地質局副処長の地位になっても、それは変わらない。当時は文革が終わり、改革開放が始まり、胡耀邦がスーツを着ようと呼びかけていた時代でもあった。張培莉は夫のためにスーツをあつらえるが、結局、地質局の同僚たちは、温家宝のスーツ姿を一度も見ることがなかったという。

この夫婦は、性格は正反対であったが、それでも甘粛時代まではおしどり夫婦であった。張培莉も少々おせっかいなところもあったが、可愛い女房のように見える。

夫の出世にともない宝石・宝飾の世界へ

それが変化していくのは、温家宝が地質調査のエンジニアから中央の政治家へと転身した後である。

一九八二年、温家宝は北京の地質鉱産部政策法規研究室に配属されるが、同時に党組織の成員となる。八三年には党組織副書記兼政治部主任となり、八六年には中央弁公庁主任へと政治の道を駆け上る。彼を抜擢したのは当時、能力のある若手の登用に積極的だった胡耀邦総書記だった。

温家宝が北京に異動になったとき、張培莉は甘粛省蘭州の地質局に残ることを選んだ。彼女は夫の出世のために、地質学における自分のキャリアを捨てるつもりはなかったのだ。だが八四年に、温家宝が政治的頭角を現してくると、張培莉にも北京での飛び切りのポストが用意される。それが地質鉱山部宝石鑑定センターである。

おりしも改革開放の波が押し寄せ、豊かになり始めた人々が宝石・宝飾に憧れ、追い求めはじめた時代だった。中国の宝石・宝飾市場はこれから猛スピードで成長することは間違いなく、宝石鑑定はかなり魅力的な仕事である。しかも宝石を買い求めるような人たちは、政治と経済の権力の中枢にいるような人たちばかり。まちがいなく利権の温床でもあった。甘粛の荒野で無骨な岩鉱を相手にしてきた張培莉はいきなり、大都市の富と欲望の象徴である宝石に囲まれる生活に放り込まれた。そしてキラキラしい宝飾の世界、欲望と権力の世界に魅了されていく。それが彼女を「ダイヤモンド女王」へ、そして名にし負う「悪妻」へと変貌させてゆくのである。

温家宝は一九八九年の天安門事件をはさんだ一九九三年まで中央弁公庁主任、いわば総書記の秘書役という重要ポストで、胡耀邦、趙紫陽、江沢民の三代総書記に仕えた。胡耀邦の失脚にも、趙紫陽の失脚にも連座しなかったのは、すぐ自己批判し、涙を浮かべて態度を改めようとする彼の従順さが、後任の総書記に気に入られたからだ、と言われている。

また抜群の記憶力があり、その高い職務遂行能力は失脚させるには惜しいと思われたのだろう。一九九七年には中央政治局員となり、九八年に発足した朱鎔基内閣で副首相（金融・農業担当）に出世。中央金融工作委員会書記を務めて、二〇〇二年の胡錦濤体制始動にともない、政治局常務委員に昇格、党内序列三位にまで上り詰め、翌年に首相となった。

温家宝の出世にともない張培莉もキャリアを広げていく。一九九〇年に中国宝玉石協会を設立。一九九四年に「中国宝石」雑誌社を設立、中国宝玉石協会内に鑑定専業委員会をつくり、九五年に宝石鑑定を国家資格制度にする。この資格取得に必要な教科書、指定参考書などは主に彼女が書いた。専門書であり、いずれも一〇〇元前後から二〇〇元前後と、中国の書籍としては非常に高い値段がついた。

また宝石鑑定の人材育成機関を設立し、中国資産評価協会珠宝玉石芸術委員会を発足。また公職を務めるだけでなく、北京戴夢得（ダイヤモンド）珠宝公司を一九九三年に創業した。これは中国初のダイヤモンド宝飾品ブランドだった。資本金五〇万元でスタートしたが、翌年には上場し二五〇〇万元に増資した。地質部はじめ宝飾に関する国家権威を後ろ盾に瞬く間に宝飾市場を寡占、全国に四〇〇近くの関連店舗を展開するようになった。彼女は中国における宝石に関する鑑定、評価、市場参入などの利権を一手に集中させてゆき、中国の宝石宝飾市場に君臨する「ダイヤモンド女王」と呼ばれるようになった。

平安保険CEO馬明哲との関係

北京戴夢得珠宝公司創業時、こんなエピソードがある。
最初に構えたオフィスは、北京市西城区金融大街の平安大厦《たいか》一一階に建てられた。このビルは中国第二位の保険会社・中国平安保険集団の物件だった。同集団CEOの馬明哲が張培莉にワンフロア丸ごとプレゼントしたのだ。

馬明哲は中学卒業後、広東省湛江市のダム発電工場労働者から、時代の波にもまれるような数奇な運命によって、一九八八年に広東省深圳《しんせん》市蛇口で誕生した中国平安保険公司のトップに、わずか三十二歳の若さで抜擢された立志伝中の人である。

なぜそのような人物が張培莉にオフィスをプレゼントしたのか。中国人は、よく食事をおごってくれたり、相談ごとに懸命にのってくれたりする。建前は善意や友情の証と言うが、それを受けると、こちら側が何か頼みごとをされたとき断ってはならない、という暗黙の了解がある。「貸し」をつくって人脈を広げ、自分の保身や発展、蓄財を有利に運ぶ。それは中国人の常識的なやり方であった。馬明哲のケースも、権力の中枢に近い人間に「貸し」をつくり、いざと言う時、情報や便宜を図ってもらう暗黙の了解をとる、というふつうのビジネスマンとしてのセオリーに従ったまでだ。張培莉のような「頼まれたら断れない、面倒見のよい親分肌」的な人間は、強い権力をもったとき、周囲に当たり前のように人が群がってくる。そこで、昔に恩義を受けた人でも、「ダメなものはダメ」と非情になれればいいのだが、普通の中国人ならば、官僚・政治家のモラルより、中国人としての「人情」を重んじる。そして当たり前のように、中国的汚職構造の中に引きこまれてしまう。張培莉はその典型であった。

天安門事件で趙紫陽が失脚しながらも連座することなく、後任総書記の江沢民の信を得た温家宝が、いかに政界を生き抜く知恵にたけていたかは誰もが認めるところだった。やがて中国指導部のトップになることは十分予測され、張培莉にすり寄る人間は多かった。

問題は、張培莉がそういった下心を躊躇なく受け取り続けたことだった。

張培莉が馬明哲と親しくなった最初のきっかけは、張培莉の息子・温雲松のＩＴ企業創立に馬が力を貸したことだった。これは保険業界の人の間でほぼ事実として語られている。

温雲松（温如松）は、米国・シカゴのノースウェスタン大学ケロッグ経営大学院でＭＢＡ取得後、本当は香港・モルガン・スタンレーに就職を希望していた。だが、モルガン側は温雲松の特殊な政治的立場を逆に恐れ、忌避し、それを断った。馬明哲はこれを後に知り、たいそう残念に思い、「もっと早く知っていたら、私がなんとかしてあげたのに」と言った。モルガン・スタンレーは中国平安保険集団の大株主であり、モルガン・スタンレーから派遣された役員は馬明哲の親友。本来なら自分の口利きで温雲松の就職の希望はかなったはずで、温家宝と張培莉に恩義を売れたからだ。

馬明哲は、これを挽回するため、温雲松がＩＴコンサルティング企業・優創科技有限公司を設立するときの資金提供を申し出た。張培莉にも温雲松にも、これを断る勇気はなかった。以降、馬明哲はしばしば資金面などで、温雲松の事業を後押しした。張培莉は母親として、馬明哲に非常に感謝し、同時にますます馬を頼りにするようになった。北京戴夢得珠宝公司のオフィス提供も、張培莉から相談された、と言われている。

もちろん馬明哲も、首相夫人となった張培莉からさまざまな形で恩恵を受けている。馬自身が周辺にこう漏らしていたそうだ。「温夫人は私に非常によくしてくれる。温首相の側近の馬凱氏を紹介してくれて、温首相が表に出るのが不都合なときは、馬凱氏（現・副首相）を通じて私に頼みなさい、と言ってくれた」

また温家宝が張培莉を伴って広東省深圳を訪れるときは必ず、馬明哲が接待したともいう。馬は深圳に張培莉のために別荘を買ったので、彼女は温家宝が宿泊する政府招待所の麒麟山荘や五洲大酒店ではなくて、もっぱら馬明哲所有の別荘に滞在した。

馬明哲は、温家宝の娘・温如春のためにもいろいろと便宜をはかっている。温如春は米ハーバード大学を卒業後、米国の保険ブローカー会社に勤めていた当時、ノルマがこなせずに困っていたところ、馬明哲が平安保険の大口の業務を温如春を通じて依頼し、彼女の業績にした。また上海に温如春のために別荘を買った、とも伝えられている。

さらに温家宝ファミリーと馬明哲の関係を裏付ける衝撃的な報道が、中国紙『21世紀経済報道』(二〇〇四年六月三〇日)から飛び出した。

鄭建源という謎の人物が、中国平安保険集団が香港に上場する直前に当時発行済み株の一一%にあたる七・一三億元相当を購入。上場後にこの七・一三億元相当の株は七三・六億元に跳ね上がり、鄭建源は巨万の富を得たという。この報道では鄭建源の正体をはっきりとは書いていないが、「三十歳前後で北京在住。米国留学から帰国後、北京で起業し、IT関連の仕事に従事。平安保険や全国の商業銀行、証券会社などに対し、ITプロジェクトの提案とコンサルティングを行っている」という人物像を提示している。

これは読む人が読めば、温雲松であることは容易に分かった。その後、インターネットでは、鄭建源、温雲松などの名が検索できなくなった。

後に『ニューヨーク・タイムズ』紙（二〇一二年一〇月二六日）が温家宝ファミリーの二七億ドルの蓄財報道をスクープした。二七億ドルのうち二二億ドルが一族が所有する平安保険の株だという。ちなみに、この翌日、在米華字ニュースサイト『博訊』によれば、温ファミリーはこの株をすでに手放していると報じて、その疑惑を否定しているが、少なくとも二〇〇四年当時、温雲松が巨額の平安保険株を所有していたことは、業界内では公然の秘密であった。温雲松はその後、新宏遠創基金（二期目から新天域資本と改名）を創設し、シンガポールのソブリン・ファンドであるテマセク・ホールディングスや日本のSBIホールディングスなどから出資をうけ、中国での投資事業を展開している。

張培莉を取り巻き、貢いでいた大富豪実業家はもう一人いる。谷開来の章でも紹介した大連実徳集団総裁の徐明だ。一時期、徐明が温如春の婿であるというデマがながれた。これはすぐに嘘であることが確認されたのだが、そういうデマが流れる背景はあった。張培莉自身が徐明を非常に気に入っていたのだ。薄熙来が遼寧省長時代、徐明は彼の築いた実徳帝国の人脈を駆使して、針の穴に糸を通すような熱心さで首相夫人にアプローチし、ついにその心を奪うことに成功した。

徐明は天性の社交家で若く、年上の女性に気に入られやすいタイプだった。金銭的な貢献はもちろんだが、張培莉に対してはきちんと女性として扱い、彼女は徐明と一緒にいるときは自分の年齢を忘れるような気分でいたとか。「もし、私に娘がもう一人いれば、徐明と結婚させるのに」と張培莉は言ったという。その発言が誤って伝えられたのが、徐明は張培莉の女婿《じょせい》である、というデマだったという。

張培莉は一度、本気で温如春を徐明と結婚させようと画策したという説もある。だがこれは温家宝が断固反対した。理由は「サッカークラブなどに手をだすとは、いかにもあぶなっかしい。目立ちすぎるし、噂を呼びやすい」ということらしい。後に温如春は中国銀行業監督管理委員会統計部主任兼研究局長の劉春航と結婚し、子供もいると、在米華字雑誌『多維月刊』が報じた。それによると、二人はハーバード留学中に知り合い卒業後に結婚していたという。劉春航は金融界の期待のエースで温家宝が気に入って身近においているという。

だが、徐明が張培莉のお気に入りであることは間違いなく、その威光は彼の実業分野で大いに役立ったと言われる。徐明から張培莉への「お返し」も少なくなかったと思われる。だが、その頃、徐明と張培莉のメッセンジャー役を務め、二人の関係を一番よく知っているであろう大管家（筆頭執事）の張建坤《ちょうけんこん》は二〇一三年夏現在、消息不明で、具体的なエピソードがあまりでていない。

台湾のヒスイを大人買い

張培莉が悪妻であると言われるもう一つの背景は、ゴージャスな宝飾品を身にまとい贅沢を極めた「富貴夫人」というイメージにある。それは宝飾業界というきらびやかな世界に身をおく以上、いたしかたのない部分もあるのだが。

たとえば台湾紙『中国時報』が報じた有名なエピソードがある。

二〇〇七年秋に北京で開催された中国国際珠宝展の会場に出展していた台湾宝石商のブースで、張培莉はいきなり一五〇〇万NTD（ニュー台湾ドル）を出して宝石を買い求めたいと言ったのだという。香港紙『蘋果日報』も、この展示会で台湾宝石商が張培莉のために一五〇〇万元以上のヒスイの宝飾品を用意していたと報じた。台湾テレビのTVBSは、張培莉夫人は昨年の国際珠宝展のときも会場を訪れ、二〇〇万元以上の首飾を買った、と台湾宝石商のコメントを引用して報じた。台湾宝石協会名誉会員で台湾佳達珠宝有限公司の責任者・余忠達が「（前回、温首相夫人がいらしたときは）彼女は一目、私どもの宝石をみて気に入り、ヒスイの指輪とイヤリングの二点を選びました。いずれも二〇〇万人民元はするものです」と話しながら、その時の写真をテレビ画面に示したのだ。

さらに台湾側出展団団長の邱惟鍾《きゅういしょう》も張培莉が展示会場に来たとき、台湾ブースで、珊瑚などいくつかの商品を非常に気に入ってくれたが、その場では人が多かったため購入せず、後で人をよこして商品を受け取った、と話した。

ところがその後に香港紙『明報』が邱惟鍾の娘を取材したとき、彼の発言を否定しており、張培莉は昨年ブースで商品を眺めて楽しんだだけで、購入はしていない、と父親の発言を訂正した。「（張培莉は）あっち見て下さい、こっち見てください、と引っ張りまわされているのだから、商品を買う時間などありません」と。

余忠達もその後、二〇〇六年の国際珠宝展で張培莉が購入した二〇〇万元の首飾は、張自身のために買ったのではなく、別の人のために買ったのだ、と発言を訂正。さらに、購入時期も展示会の時ではなく別の機会であり、その時期については顧客のプライバシーにかかわることなので言えない、と口をつぐんでしまった。さらにその後、香港、台湾紙を通じて、張培莉は〇七年の展示会を訪れておらず、商品を買った事実もない、という訂正と謝罪が発表された。

張培莉の一五〇〇万ＮＴＤの宝飾品購入が事実かどうかは、いまだ不明である。二〇〇七年の展示会には北京戴夢得珠宝公司は販売戦略上出展していないことは確かめられており、張培莉のような高い地位の目立つ人物が、わざわざ自分の会社が出展しない展示会に出かけるだろうか、という疑問はでている。

一説には平民宰相・温家宝のイメージに傷をつけるために、温家宝の対抗勢力が画策した捏造報道ではないか、という噂もある。馬明哲との関係も、温雲松スキャンダルも、そして『ニューヨーク・タイムズ』紙の特ダネも、温家宝の評判を傷つけるための反温家宝派のリークだという人もある。

事実かどうかは別として、張培莉の富貴夫人ぶりは、官僚汚職や政治腐敗が蔓延する中国高官夫人のネガティブイメージを代表するものであり、貧富の格差が深刻な社会で、貧しい庶民の味方を謳う温家宝のイメージを大きく損ねる存在だった。

温家宝は離婚を考えた

そんな悪妻・張培莉を温家宝はどう思っていたのだろうか。

二〇〇四年ごろ、張培莉と馬明哲との関係があまりにも目立ちはじめたころ、温家宝は離婚を考えたことがあるらしい。ウィキリークスが上海の米総領事館の打電として報じている。それによると、宝石商に対する高額の顧問料を取るなどの張培莉の汚職行為に、温家宝が悩んでおり、このために妻を外遊に同行させていないのだという。だがいざ離婚しようと考えても、すでに首相となった立場では難しく、思いとどまったという。

ただ、この離婚情報も、温家宝側がわざと保身のために流した噂であったという話もある。つまり悪妻に悩む可哀そうな夫、という立場を演じたのだ、と。在米亡命作家の余傑は、温家宝の言動はほとんどが嘘と演技であると批判し、『中国影帝温家宝（中国一の名優・温家宝）』という著作を出しているが、その本を信じるなら、温家宝も、張培莉の悪妻ぶりにまけない相当なタヌキ親父、ということになる。

そういえば温家宝に不倫の噂は聞いたことがない。意外と本気で妻に惚れているのではないか。ハリウッドスター張りの演技派政治家と宝石を見せびらかすのが大好きな悪妻、実は仲睦まじいお似合いの夫婦なのかもしれない。

第3章　夫の存在感　〝食う〟ファーストレディ――彭麗媛

「あげまん」ぶりで際立つ夫の存在感の薄さ

悪妻が男の足を引っ張るという定義で言うなら、彭麗媛《ほうれいえん》は悪妻どころか、俗に言う「あげまん」と言うべきかもしれない。農村育ちでドメスティックな思考の外交下手の習近平に代わってファーストレディ外交を展開し、海外メディアにも注目された。習近平政権に交代後、低迷していた経済だが、彼女のファッションが話題となって一時的にアパレル株が跳ね上がった。そもそも現役将校の彼女が妻でなければ、習近平は人民解放軍への影響力を含め、今の地位を得られなかったかもしれない。だが習近平夫人・彭麗媛ではなく、「彭麗媛夫君・習近平」と陰で言われるほど夫の存在感を食っているのも事実である。良妻が三歩さがって夫の影を踏まず、と言うなら、夫の前を歩き、夫を影の中にすっぽり収めてしまう彼女のような妻を悪妻と言ってもいいかもしれない。

彭麗媛の存在が海外で広く知られるようになったのは、習近平が国家主席になってからの二〇一三年三月下旬、初の外遊先で彭麗媛の板についたファーストレディぶりだった。

最初の訪問地のロシア。特別機がモスクワ空港に到着し、春まだ浅い陽光の中を彭麗媛が習近平と腕をからませて降りてきた様子は、中国の指導者夫妻にしては大変珍しく「絵」になった。彼女は真珠のイヤリング、グラマラスな体を強調するような黒のトレンチ型コートに黒のバッグ、黒のストッキングに黒の靴と黒ずくめの中で、襟元だけ薄いブルーの水玉のスカーフをのぞかせたレトロな大物女優風のファッション。さすがは解放軍総政治部歌舞団団長の歌手、スタイルよく目鼻立ちのはっきりした美人だ。それ以上に、現役少将のまとう、きりっとした空気が際立った。習近平も身長が一八〇センチと高く、二人並べば、欧米指導者カップルに見劣りしない堂々たる風情である。

過去のファーストレディ、例えば江沢民夫人・王冶坪《おうやへい》は夫に比べるとずいぶん小さく年老いた疲れた様子で、江沢民から虐待でも受けているのか、と思わせるような哀れさが漂っていたし、胡錦濤夫人・劉永清は清華大学卒の才媛ではあるが、化粧嫌いおしゃれ嫌いの学者肌の地味な容貌で、病気がちでもあり、ほとんど表舞台に出なかった。彼女らと比較すると彭麗媛は、劉少奇夫人・王光美以来の洗練された存在感があった。

国内記事も、外交の成果よりも、ファーストレディの一挙手一投足を伝える記事に沸いた。彼女は国産ブランドの服やバッグを実にうまく着こなしたので、その宣伝効果から中国のファッション業界は急に活気づき、彭麗媛や習近平の身に着けていた衣装のアパレルメーカー株が最高一〇％も高騰するという経済効果もあった。『人民日報』は「ファーストレディは民族ブランドを牽引するモデルだ。われわれの中国文化への自信もこれで強まっていくだろう」と胸をはった。

だがこれは報道操作を使った世論誘導であった、とも言える。習近平は必ずしもずば抜けた能力、政治家としての実力を見いだされて総書記・国家主席の地位についたのではない。足を引っ張り合い、才能をつぶし合う中国の激しい権力闘争の中で、意地悪く言えば、もっとも凡庸で、敵にもなりえない人間が生き残った結果と言える。習近平としばしば比較される薄熙来の方が、政治家としての能力はずっと高かっただろう。だからこそ薄熙来は徹底的につぶされ、失脚した。習近平の政治家としての強みは、政治手腕ではなく、建国元老の父親・習仲勲の威光と太子党の人脈、そして現役解放軍少将で、国民的アイドルの歌手・彭麗媛の夫である、という点にある。

誰の目にも明らかだろうが、習近平の初外遊は大失敗であり、その外交的成果はほとんどなく、彼のもともと高くない評判をさらに落とした。ロシアで、習近平はプーチン大統領に冷遇された。習近平がロシアを最初の訪問先に選んだのは、尖閣諸島をめぐり日中関係が先鋭化する中、対日牽制のために、中露の連携を強化するのが目的だった。国内外記者に対する事前ブリーフィングでは、中露共同声明に「反ファシスト戦争の勝利成果を守る確認」を盛り込むと説明していた。釣魚島（尖閣諸島の中国語名）返還は、中国にとってまさに反ファシスト戦争の勝利成果を指すので、この文言が書き込まれれば、ロシアが尖閣問題について、中国側の立場を支援すると解釈される。

ところが、蓋を開けてみると、この文言は声明に盛り込まれず、「主権、領土保全、安全保障など核心的利益で協力」というあいまいな表現に変わった。これは、プーチン大統領が抵抗したのだ。安倍政権が二月に森喜郎元総理を特使としてプーチンのもとに派遣し、ロシアをぐっと日本側に引き寄せていたことも大きい。もともと柔道愛好家の日本びいきで、中国には根強い警戒心をもつプーチンが安倍政権の誘いに乗った、とも言える。

事前ブリーフィングで声明に盛り込まれる内容として記者たちに伝えるということは、事前交渉ではそれなりの手ごたえがあったという判断だろうから、そういった判断を含め習近平外交の詰めの甘さを露呈した。

さらに、中国国営中央テレビ（ＣＣＴＶ）は三月二五日、習近平外交の成果として、中国がロシアから新世代の「ラーダ」級潜水艦四隻と戦闘機「スホイ35」を二四機購入する合意文書に署名したと伝えたが、ロシアのタス通信はこの報道をただちに否定した。公式報道を担うＣＴＶが外交の重大決定を誤報するなど前代未聞である。おそらくはこれも、事前交渉で手ごたえがあり、ほぼ確実、という習近平周辺の外交担当から連絡があり、予定稿が用意されていたのだろう。だが、土壇場で中国の思惑は裏切られた。習近平にとって実に屈辱的な初外遊だった。『産経新聞』がこのあたりのことを詳しく報じている。

だからこそ、党の喉舌たる中国メディアは彭麗媛のファーストレディぶりを盛り上げた。習近平のあまりの外交下手に煙幕を張るために。習近平初外遊の失敗は国内において、あるいは海外でも彭麗媛人気で救われる結果になったが、「歴代最大のコンプレックスを抱える総書記」とささやかれる習近平の内心は決して穏やかではなかっただろう。

五月末日から始まった習近平二度目の外遊の最初の訪問地、トリニダード・トバゴの首都ポート・オブ・スペインの空港に到着したとき、雨の中、習近平が自分だけに傘をさし、隣で腕をとる彭麗媛にさしかけることもなく、濡れるままにした思いやりの無さは、実は妻の人気に嫉妬する夫の本心が現れたのかもしれない。

そんな「あげまん」とも「悪妻」とも言える彭麗媛とは、どんな女性なのか。その生い立ちからみてみよう。

飢餓と文革の幼少期

彭麗媛は一九六二年一一月二〇日、山東省菏沢《かたく》市鄆城《うんじょう》県に生まれる。菏沢市は「牡丹の郷」と呼ばれ、五〇〇〇年以上前、菏沢がまだ曹州と呼ばれていたころから牡丹の栽培や品種改良で知られる。『聊斎志異』には曹州産牡丹の名花「葛巾紫」「玉版白」を題材にした「牡丹の姉妹」という話がある。また鄆城県といえば、『水滸伝』の一〇八人の強者《つわもの》たちのうち七二人を輩出した武術豪傑の里としても知られる。花の美しさと軍人の猛々しさを備えている彭麗媛に、まるであつらえたような出身地である。

だが、彼女の生まれた時代は、そんな花をめでたり、大昔の英雄豪傑をしのぶような文化的余裕のある時代ではなかった。大躍進政策と反右派闘争、そして三年の大飢饉（一九五九〜六一）によって全国で二〇〇〇万人とも三〇〇〇万人とも言われる餓死者が出たという厳しい時代の直後だった。山東一帯はもっとも飢餓の厳しい地域のひとつで、六二年当時もまだ餓死者があたりに転がっていたという。

彭麗媛の父親は鄆城県の文化館館長、母親は県劇団の花旦（伝統演劇の娘役、昔は男性が演じた）だった。母親の実家は地主であり、この時代で言えば、彭麗媛の出自は政治的に悪かった。だが、地主出身の母親がいたからこそ、この飢餓時代に命を長らえることができた。彼女は母方の地主家庭に預けられ祖母が主に面倒を見た。母親は二十五歳で彼女を産むと、産後の肥立ちも待たずに農村の巡業公演に出たという。

彭麗媛は、後に広東紙『新快報』（二〇〇七年一二月二〇日）にこう述懐している。「あの当時の中国は生きるか死ぬかの貧しさの中にあって、小さな私は生まれてすぐ母親から離されて、母乳ではなくトウモロコシ粥を飲んで育ったの。おっぱいを恋しがって泣いたときは、近くのおばさんを引っ張ってつれてきて乳を含ませてもらった。あんまり泣くもので、還暦をすぎた祖母が襟を開いてしわしわのおっぱいを私に含ませたこともあったわ……」

彭麗媛が四歳になると、今度は文化大革命が始まった。祖母は大地主階級として迫害された。文化的知識人として仕事をしている父親も「反党分子」として弾圧され、党籍を剝奪され、「黒五類（労働者階級の敵の五種類の人間。地主、富農、反革命分子、破壊分子、右派）」のレッテルを貼られた。通称「牛小屋」と呼ばれる隔離施設に押し込まれ、強制労働に従事させられ、怒鳴られながら便所掃除をする毎日であった。花旦の母親も舞台を続けることはできない。母親は小さな娘を背負って、夫が隔離されている牛小屋の近くに行くも会えず、近くの槐《えんじゅ》の樹の下にずっとたたずんで、誰かが出てくるのを黙って待っていたという。

七一年になると、一家ともども父親の実家の農村に逃げ込む。文化人家庭で生まれた彭麗媛だが、そこでは弟と妹の面倒を見ながら、泥の中をのたうちまわるような農民の暮らしをした。七〇年代半ばになって一家はようやく県城に戻ってきた。彭麗媛も中学校に進学する。だが彼女が黒五類の家庭出身であることは依然大きな圧力となっていた。学校での彼女は、今の姿からは想像できないような寡黙で内向的な大人しい少女だったという。

文革で迫害に遭い、十分勉強ができなかった彼女の成績はほとんどビリだった。唯一、成績が良かったのは音楽。芸術に携わる仕事の両親のおかげで、彼女は幼い頃から歌が好きだった。当時の音楽教師が後の中国メディアの取材に答えているところによれば、教師はすでに彼女の才能に気づき、プロの音楽家の道に入れるよう、十分に配慮して教育していたという。

一九七六年、文革終了と同時に山東芸術学院（当時はまだ山東芸術学校）の生徒募集が復活した。十四歳の彭麗媛は受験を決意する。だがちょうどそのとき、弟が脳膜炎にかかり、家族は彭麗媛にかまうことができなかった。彼女は、父親が探してくれた石炭を運ぶおんぼろトラックの荷台に乗せてもらい、五〇キロ以上離れた済寧市の受験会場に何時間もかけて到着した。

試験は午前七時に始まったが、彼女の番が回ってきたのは午前一一時四〇分、最後の一人の受験生だった。試験官らの前に立った彭麗媛はやせっぽちで、薄汚れた小汚い姿。とても芸術学校の入試を受けに来た学生には見えなかった。試験官の教師の中には彼女をちらっとみて、机の上の資料などを片付けかける者もいた。

だが、彭麗媛が息を大きく吸って、「太陽最紅、毛主席最親（太陽は赤く、毛沢東は温かい）……」と歌いだすと、ガサゴソと帰り支度をしていた試験官たちは一斉に動きを止めた。その美声の主を茫然と眺めた。一人の教師が皆の思っていることを声に出した。

「もう一度歌ってみなさい」

一曲歌い終わると、試験官たちはもう一曲歌えと言う。彭麗媛は請われるままに歌い続けた。歌いおわると、舞踊の試験があった。すべての試験が終わったあとで、試験官の一人は彼女に思わず駆け寄ってつぶやいた。

「璞玉《はくぎょく》（掘り出したままの磨いていない玉）を見つけたわ！　この最後の一人が一番よ。一番泥臭い娘が一番の素質を持っているなんて！」

だが実家に帰ったのち、正式の合格通知は六カ月経っても届かなかった。

山東芸術学院は、試験で彭麗媛の素質を間違いなく見出したのだったが、彼女の家庭の「政治問題」が障害となって満沢地区教育局は、彼女に入学照会の「公章」を出すことをためらったのだった。この時代は何を行うにも地元当局の「公章」が必要だった。学校側も非常に慎重に彭麗媛の家庭の政治問題について討論した。学校としても政治リスクを抱えたくはない。だが彭麗媛の才能は惜しい。侃侃諤諤の議論の末、ようやく彭麗媛の合格が決まった。後年、彭麗媛はこの時の満沢市の仕打ちをずいぶん長い間恨み、もう二度と満沢市に帰るまいと思ったとか。

もっとも自分を音楽の道に導いた音楽教師への尊敬はその後もずっと続き、一九九五年に母校の中学が創立四五周年を迎えたとき、すでに国民的アイドルの歌姫となっていた彭麗媛は、ピアノと一〇万元を寄付した。その五年後の五〇周年のときには、母校は新校舎を建てて「彭麗媛芸術楼」と名付け、竣工式に彭麗媛を招待した。

幼少期に飢餓と文革の辛酸をなめた彭麗媛は、外見は寡黙で内向的な田舎娘だったが、胸の内には強い野心の火がともっていた。彭麗媛は入学後に始めた日記の最初の一ページに「野心は至高無上だ。それは芸術の高みを極める基礎となる」と自分に言い聞かせるように書いたという。声楽、ピアノ、楽理。彼女は芸術学校で貪欲に学べるものをすべて学んでいった。ピアノは毎日四時間練習し、声楽は民族音楽唱法をマスターした。

一九八〇年、北京で行われた全国民族民間唱法匯演《かいえん》で彭麗媛はソリストに抜擢され、その美声を初めて中央の音楽界に披露した。この時の新聞評では、彭麗媛について「その歌声は澄んで甘く、自由自在……。山東民謡独特の発声に、身ぶり表情も美しい。玉盤に珠の落つるがごとくとはこのことだ」と大絶賛だった。

この評判が功をなして、彼女は人民解放軍済南軍区前衛歌舞団に抜擢される。さらに、その年八月の欧州六カ国公演メンバーにも入った。

解放軍の歌姫へ

彭麗媛がただの解放軍所属歌手から国民的歌姫に変身する前に、一人の人物との出会いがあった。李凌《りりょう》である。中国著名音楽教育家にして音楽評論家、そして中央音楽院創設時の主要メンバーの一人として中国音楽の基礎を築いた人物でもある。

一九八一年、彭麗媛が広州市の公演に参加したとき、中国音楽院院長だった李凌と偶然に出会った。

「君は今、いくつだね？」と李凌は尋ねた。「十八歳です」と彭麗媛。「歌、うまいね。でも、音楽芸術の仕事に従事するなら、まだ修養が必要だね。きちんと勉強しないと、すぐに限界にぶち当たるよ」

李凌の思いもよらぬ厳しい発言に、人気が出始め多少うぬぼれていた彭麗媛は、思わず大声を出してしまった。

「けれど、いったいどこで勉強すればいいんですか！」

「じゃあ、うちに来る？」

「あなた、誰ですか？」

彭麗媛は、李凌の顔も知らなかったのだ。

後ろを通り過ぎた著名歌手の郭頌《かくしょう》が、ははははと笑った。「この子、李凌同志のことも知らないんだ。中国音楽家協会副主席で中国音楽院院長の李凌同志を」

一九八一年九月、彭麗媛は李凌の特別の計らいで、中国音楽の殿堂、中国音楽院に入学、ここで中国建国後の歌謡界を率いた大歌手・李谷一を育てたことでも知られる音楽界の名伯楽・金鉄霖《きんてつりん》に師事し、本格的な民族声楽の教育で鍛えなおされることになった。

当時、彭麗媛と同期で入学した民族音楽の演奏家が東京に住んでいるのだが、彭麗媛のことをよく覚えていた。上海出身の都会っ子であったその演奏家は「最初に会ったときは、彭麗媛はほんとに山東の田舎娘って様子で、おしゃれも知らなかったし、コンプレックスも強かった。

でも才能があったことは間違いないわ。田舎者といじめられているのを何度もかばったことがあった」と述懐していた。「それが今は、国家主席夫人だなんて！」

一九八二年、中国版紅白歌合戦ともいわれる「春節聯歓晩会」に出演し、胡耀邦も大好きな「在希望的田野上（希望の田畑の上で）」など二曲を歌って、歌手としてのスターダムにのし上がる。

その二年後、彭麗媛は正式に解放軍総政治部歌舞団に転属した。済南軍区の歌舞団とはまったく格が違う。総政治部歌舞団ともなれば、国家の要人の前でその歌を披露することもある。住む世界が変わるのだ。

彼女の歌手としての才能を世に広く知らしめたのが、一九八五年六月、「反ファシスト戦争勝利四〇周年記念」の「白毛女」公演である。「白毛女」は、文化大革命中に上演が許された八つの模範劇の一つで、悪辣な反動地主に暴行された貧農の娘が白髪になり、解放軍とともに地主を打倒する物語。二〇日間続いたこの公演で、彼女は主演の喜児役を歌い切り、新しい「白毛女」像を作ったと大絶賛された。彼女はこの年、文化部の主宰する第一回「聶耳《じょうじ》・星海声楽歌唱コンテスト」民族音楽の部の金賞、そして「白毛女」の好演で演劇界最高賞の第三回「梅花賞」を受賞した。押しも押されもせぬ中国のトップスター、全国民の歌姫の地位を築いた。

彭麗媛は歌姫であるだけでなく、解放軍兵士としても勇猛果敢だった。解放軍歌舞団の最大の役割は最前線の兵士への慰問だが、おりしも中越国境紛争の最中。彭麗媛は自ら「私を老山の慰問に行かせてください」と志願した。彼女はまだ中国音楽院研究生として学生の身でもあったが、学校に二〇日の休暇を願い、飛行機とジープを乗り継いで中越国境の山岳地帯の最前線に乗り込んだ。明日をも知れぬという覚悟でいた兵士たちは女神降臨を見るような気持ちで彼女の歌に熱狂したという。

実は彭麗媛の弟も当時、老山の最前線で兵士として戦っていた。両親は彭麗媛にコネを使ってでも、一人息子を最前線から安全な内地に戻してもらえるようにしてほしいと、泣いてすがったそうだが、彭麗媛は情に流されることなく「彭麗媛の弟がコネで最前線行きを免れたとあっては、私は世間に顔向けできない。他の兵士たちにも両親姉妹はいるのよ!」と拒絶したというエピソードも伝わっている。彭麗媛は単なるアイドル歌手ではなく、まぎれもない軍人だった。結果的にはこの彭麗媛の「軍功」が評価され、弟は「九人の小隊のうち六人が戦死する」と言われた激戦区から比較的安全な後衛部隊に配属されることになったのではあるが。

習近平との出会い

国民的歌姫であり、最前線兵士たちの女神であり、勇猛果敢な軍人である彭麗媛がなぜ、太子党のサラブレッドとはいえ、そのころは厦門《アモイ》という地方都市の副市長にすぎなかった習近平と結婚したか。

二人が出会ったエピソードは公式では次のようになっている。

一九八六年暮れ、二十四歳の彭麗媛は友人の紹介で北京で厦門市副市長の習近平とお見合いする。彭麗媛は乗り気ではなかったが、友人は「とびきりの男」としきりに勧めるため、わざと古い軍服のやぼったい恰好で行って、見た目で人を判断するタイプか試してやろうと思った。ところが習近平もやぼったい普段着で来た。

この男は彭麗媛と初対面のとき、たいていの人が口にする「今どんな歌がはやっていますか?」「ギャラはいくら?」みたいな質問もしない。

習近平は開口一番、「ねえ、声楽には何種類の唱法があるの?」。

彭麗媛がそれに答えると、「僕はあんまりテレビとか見ないんだけど、どんな歌を歌っているの?」。

「『在希望的田野上』とか」と答えると、「あ、それは僕も知っている。いい歌だよね」と習近平。

彭麗媛は『環球人物』誌のインタビューで「この時、私の心にビビッときたの。この人こそ、私が待ち望んでいた人じゃないかしら。純朴で面白い人、と思った」と語り、後に習近平から

「君に会って四〇分で妻にしようと思った」と告白されたという。

彭麗媛の両親は、この結婚には反対だったようだ。習近平は三十四歳のバツイチで、先妻との間に娘もいる。しかも習近平の父親は開国元老、元副首相の大物政治家である。娘は苦労するに違いない、と。

だが習近平は「私の父親は農民の子です。親しみやすいひとですよ。あなたを受け入れてくれますよ」と彭麗媛と両親を口説き落とした。

北京を拠点としていた彭麗媛は、習近平と電話で連絡を取り合う遠距離恋愛を続けた。一九八七年九月一日、北京から飛行機で厦門に飛び、到着すると写真館へ直行して結婚写真を撮り、婚姻届を民政局に出した。新婚四日目に彭麗媛は北京に戻り、全国芸術祭に参加し、そのままカナダ、米国公演に出発し、三カ月の別居が続いたという。公演で国内外を駆け巡る彭麗媛と、厦門から離れられない習近平はまるで織姫と彦星のような生活であったが、お互いを尊重し、思いやることを忘れなかった。以上が公式報道である。

ただ、これには異説もある。実は習近平は中央軍事委員会秘書長・耿飈《こうひょう》の秘書を務めた一九七九年当時、済南軍区時代の彭麗媛とすでに出会っていた。もともと芸能人好きの習近平は夢中になり結婚を望んだが、父親の習仲勲は、革命戦争時代の自分の腹心の部下で、当時は駐英大使だった柯華《かか》の娘・柯小明と結婚せよと命じる。太子党にとって、結婚は愛や憧れを理由にするものではなく、政治的人脈を広げる重要な手段。当時は彭麗媛はまだまだ駆け出しの地方歌手にすぎず、習仲勲の息子が芸能人風情との結婚などとんでもない。それより、香港返還交渉に関わるような将来有望な敏腕外交官の娘の方が習家の将来にとって絶対よい、という考えだ。習近平は父に逆らえず、泣く泣く柯小明と結婚したものの、彭麗媛との関係は切れず、外交官の娘で気位の高い柯小明との夫婦仲は散々で、喧嘩が絶えなかった。結婚は三年ともたず、八二年には離婚した。

柯華が権力闘争の結果、駐香港最高代表（新華社香港支社長）になり損ねたことで、習仲勲も二人の離婚に反対する理由は見つからなかった。柯小明は離婚後すぐに英国留学に出国した。

この異説を信じるとすると、二人の関係は七九年以来の七年ごしで、彭麗媛の略奪愛、ということになる。より夢中であったのは習近平の方だったらしい。

習近平の浮気と離婚の危機

そんな風に熱烈な恋愛を経て一緒になったとも言われる二人だが、一九九八年ごろには破局説が流れる。

この破局説の根拠となったのは、福州市党委書記時代から続く習近平の愛人スキャンダルだった。相手は東南テレビ局の美人キャスター・夢雪である。国民的スターの彭麗媛が公演のため国内外を飛び回っている間、太子党の例にもれず好色の習近平のまわりには絶えず女性がいたが、この夢雪との関係はかなり深く、公然の秘密であった。
香港紙『文匯報』がこのとき、彭麗媛に直接、離婚の噂の真相に切り込んでインタビューしている。

文匯報「家庭の状況はどうですか?」
彭麗媛「すごくいいわよ!」
文匯報「噂がたっていますが?」
彭麗媛「そんなものはないわ」
文匯報「家庭に変化は発生していない?」
彭麗媛「そんな噂はでたらめよ!」
文匯報「彭麗媛の姿を福州市で見たことはない、と言われています」
彭麗媛「まさか、私が家に帰るたびに、テレビにでなきゃいけないとでも言うの? 書記弁公会議のときにいちいち、彭麗媛が戻りました、と報告しなきゃならないの? 福建のこの家が私の家よ、今帰ってきましたーって、今から出かけてきますーって言って回らなきゃいけないの!?」

以降、彭麗媛はことあるごとに自分の家庭生活は幸福である、と中国国内メディアを使って喧伝するようになった。「一人の女として、仕事と家庭はともに重要です。仕事のために、家庭や子供は要らないなんて、私は理解できない。家庭は女が頼る山であり、安らかな港よ。私の家庭は、どの家庭もそうであるように、普通の、幸福な家庭よ」

大衆はこれをあまり信じていなくて、彭麗媛の「幸福ショー」などと陰で揶揄した。

二〇〇二年、習近平が福建省を離れ浙江省党委書記に抜擢されるとき、夢雪との関係は清算されたという。このとき夢雪は自著のなかの一篇、「走向陌生《はくせい》（みしらぬ彼方へ）」で、意味深な文章を書いている。

「苦い恋、血の海をのたうちまわるような痛みも傷も貴い歌のようなものよ。……あなたの冷峻な視線、あなたの青石で覆われた思想、愛と涙でいっぱいの歳月から私は旅立つの。私は一本の荒野の道を選び、過去を振り返らず、追憶も後悔もないわ……」

これは夢雪が習近平との別れを決意した思いが書かれているのだ、と解釈された。人々が驚いたのは、東南テレビの看板美人キャスター夢雪の方が習近平にぞっこんであったということだった。

アモイ事件を逃げ切る

習近平の厦門市、福州市時代について触れておくべきことがある。それはこの頃に起きた中国最大規模の密輸汚職事件といわれる厦門遠華事件（通称・アモイ事件）との関係である。一九九四年に、厦門の実業家・頼昌星が創立した貿易会社・厦門遠華集団有限公司が九九年に発覚するまで行った密輸汚職は、密輸貨物総額五三〇億元、関税脱税額八三〇億元に上った。この背景に公安、検察、軍、税関、福建・厦門の党・政府、地元銀行、国営石油企業の幹部らが係る大腐敗構造があり、一〇〇〇人以上が取り調べを受け、被告は二六九人にのぼり、一四人が死刑となった。背景に中央の権力闘争もからみ、軍隊経験がないとなめられていた江沢民が、中央軍事委員会の劉華清らの影響力をそぎ、軍を掌握するきっかけになった事件でもある。

この主犯の頼昌星は一九九九年八月、香港経由でカナダに逃亡。中国はカナダに頼の身柄引き渡しを要求していたが、死刑廃止のカナダが頼を中国に返還して死刑に処せられれば世論の非難を受けかねない。中国側の政治的理由もあって、二〇一一年まで引き渡されることはなかった。

習近平が総書記の地位につく前年の二〇一一年に頼が突然中国に返還されたのは、習政権樹立後に胡錦濤前総書記が政治的駆け引きのカードに使うために画策したから、と言われている。それは習近平が福建時代、アモイ事件と関わっていた証拠を頼が握っているからだと、まことしやかにささやかれていた。ちなみに頼は現在、厦門で無期懲役の判決を受けて服役中だが、何者かに薬を打たれて、失語症に陥っているらしい。

習近平は一九八五年に厦門市副市長に赴任、八八年に福建省寧徳市書記を経て、九〇年に福州市書記、九三年から福建省党委常務委を兼任し、九五年には福建省党委副書記、九九年の福建省長代理を経て、二〇〇〇年から福建省長となった。

アモイ事件発生当初から発覚までの時期、習近平は福建省党委の要職にいた。公式報道では、習近平は奇跡的にも、この事件と一切関わっていないとされ、その身ぎれいさこそ、政治実績がほとんどないままに総書記候補として生き残ってこられた要因であったと言われている。

だが、これにも異説があって、習近平も、福建省官僚に蔓延する遠華関連の汚職利権に名をつらねていた、という話もある。頼昌星自身がまだカナダにいたころ、国内の親戚にこのように語ったことがあるという。

「習近平、賈慶林《かけいりん》は、『紅楼』の常連客であった。……彼らが政治局委員に出世すれば、私にも希望はある。私の殺生与奪を決めるのは、カナダ政府と中国政府の交渉ではなく、誰が中国の政治の風上を占めるかによる」

「紅楼」とは、遠華集団が軍部や政治家・官僚の接待に使った赤い外見の七階建ビルのことである。そこで高級娼婦と酒池肉林の宴会を用意し、政治家らが裸で乱痴気騒ぎする様子をひそかにビデオや写真に収めて、汚職の片棒を担がせる脅しにも使った。この噂が事実なら、そこに、習近平も出入りしていたことになる。賈慶林と習近平はともに太子党であり、仲がいいのは周知の事実でもあった。

九六年まで福建省党委書記だった賈慶林は、妻で当時、福建省外国貿易局党委書記であった林幼芳とともに、事件の黒幕とも噂されていたが、当時総書記だった江沢民がアモイ事件の発覚する前に北京市長に引っ張り上げ、そのまま北京市党委書記に出世した。アモイ事件発覚後は、江沢民の力で賈慶林の黒い噂を封じ込めた。賈慶林が北京に上がったのは、江沢民が北京市党委書記だった陳希同を汚職事件で失脚させ、ポストがぽっかりあいたからだ。中国では汚職事件の発覚はだいたい権力闘争と絡んでいる。その権力闘争の中で、陳希同は小さな汚職で失脚させられ、新中国史上最大規模の汚職事件・アモイ事件に深く関わっている賈慶林が出世するのだから、中国政界とは実に恐ろしいところである。賈慶林の黒い噂を白くすることができるほどの江沢民の権力をもってすれば、習近平を無傷の清廉潔白な若き政治家とすることもたやすいであろうか。

アモイ事件と彭麗媛については、こんな話もあった。

「頼昌星が実業家として絶頂だったころ、ある軍属の国民的歌手に入れ込んで、個人的に呼びだしては歌を歌わせ相手をさせた。そのとき〝感情費（お心付け）〟は一〇〇〇万元以上だった。頼は事件が発覚後も、その歌手を通して、中央政法委員会書記の羅幹に自分の冤罪を主張しようとした……」

これはアモイ事件についての公式記録の中で出ている事実だが、この歌手が彭麗媛ではないか、という噂が一時期流れた。結局この国民的歌手は、実は彭麗媛の最大のライバルと言われた董文華であったことが頼昌星自身のインタビュー本『「遠華案」黒幕《こくばく》』の中で明らかになり、完全なデマであることが証明された。彭麗媛は意外なことだが、あまりスキャンダルが表に出ていない。それは彼女が夫一筋であったということよりも、国民的スターとしてのイメージを守ろうという自覚のせいかもしれない。

だから、アモイ事件によって習近平の政治生命がどのように転ぶかわからないといった状況下では、離婚を考えたことがあったかもしれない。中国の政界の結婚とは、単に愛情の証の問題ではなく、権力、利権、富の拡大のための人脈づくりという発想が根底にある。結婚の長続きの秘訣は、夫婦ともに相手にとって政治的、利権的利用価値があり続けるということなのだ。

優れたイメージ戦略と国際センス

二〇〇二年、習近平が浙江省党委書記に出世する。何をしなくてもGDP（国内総生産）が鰻のぼりに上昇するだろうと言われる大上海経済圏を擁する長江デルタ地域。彼が中央進出をほぼ約束された、と言える人事だろう。彭麗媛にとっても中央指導者候補となった彼の妻であり続けることは国民的歌手でいることより、利があると判断したのだろう。

このころになると彭麗媛離婚説もあまり言われなくなり、むしろ彭麗媛は習近平の妻として政治的役割を積極的に担うようになってくる。

たとえば引退した江沢民夫妻が浙江省にやってくると、彭麗媛は歌手の仕事を措いて、習近平の妻として駆けつけて出迎え、王冶坪の接待をした。また、共産主義青年団（共青団）中央旗下にある全国青聯の副主席をつとめたこともある彭麗媛は、共青団と何のパイプもない習近平に代わって、共青団人脈の強化にいそしんだ。彼女が全国青聯委員を務めた当時の全国青聯主席は劉延東、副主席は李克強である。

習近平が浙江省党委書記への異動直前の様子を知る人によれば、習近平自身は出世を単純に喜ぶより、自信なさげにしていたという。これで権力の魑魅魍魎《ちみもうりょう》が跋扈《ばっこ》する党中央政界への道がひらけたが、これはけもの道、いばらの道だ。「これで私は終わるかもしれません」といった不安まで口に出したという。中央政界に向かって、戦う気まんまんで、突き進もうとしていたのは彭麗媛の方だったかもしれない。

第一七回党大会で、習近平が李克強を出し抜く形で総書記候補ときまったのは、もちろん江沢民、曾慶紅ら太子党派閥と胡錦濤ら共青団派閥との激烈な権力闘争と妥協の結果であるのだが、習近平の妻が彭麗媛であったから、というのもまんざら的外れな話ではない。

彼女は夫の女性問題スキャンダルが公然の秘密のごとく流れたときも「幸福な家庭生活」を大手メディアを使って演出し、噂を打ち消した。また洪水や地震の災害現場の最前線で救援活動する解放軍兵士のために積極的に現地に赴き慰問コンサートを開いた。兵士たちの心をつかみ、軍の幹部らも彭麗媛の人気に一目置かざるを得ないようになり、自然、軍の習近平に対する態度も丁寧になった。また、習近平を総書記候補に支持する声の中には、彭麗媛がファーストレディだったら国際社会でポジティブなイメージを発揮できるのではないか、彼女の国民的人気は予想外の政治的効果を生むのではないか、というものがあった。

さらに言えば、国際的視野が恐ろしく欠如している習近平よりも、何度も歌手として海外ツアーに参加している彭麗媛の方が、国際的センスを備えていた。たとえば習近平はまったく日本のことを知らないが、彭麗媛は一九八四年の日中青年交流の活動の一環として東京で芹洋子と合同コンサートを開いて一緒に「四季の歌」を歌うなど、何度も訪日している。かなりの日本びいきだと言われ、愛用の化粧品は資生堂、訪日のたびに帝国ホテルに泊まって銀座でお買い物するのが楽しみであったと言われている。

二〇〇九年一二月に国家副主席の立場で習近平が訪日し、天皇陛下との特例会見に成功したのは、さまざまな要素が働いているものの、彭麗媛の「仕込み」もかなり大きい。

彭麗媛は、国家指導者のレールに乗った夫が外交に不慣れなのを心配し、早期の訪日実現を熱心に勧め、しかも訪日する以上は天皇陛下と会わなければいけないと主張していた、という。

天皇陛下こそ、日本の変わらぬ元首である。胡錦濤は国家副主席として訪日したおり、天皇特例会見を実現している。習近平が同じ立場で天皇陛下と会えなければ、胡錦濤よりも格下であると中国国内で受け取られる可能性もある。八四年の日中青年交流に関わった彭麗媛は、日中関係の歴史も、その中における天皇の役割も熟知していた。だが、習近平にしてみれば、対日外交は共青団派が主導権を握っており、いまひとつ乗り気でない。

そこで、彭麗媛が独自のルートで「仕込み」に動くのである。

それが二〇〇九年一一月の中国オペラ「木蘭詩篇」公演である。

彭麗媛が総芸術監督を務めるこのオペラは、ロイヤルチェンバーオーケストラの招きで解放軍総政治部歌舞団が行った公演、という形で発表されているが、ロイヤルチェンバー周辺に非公式に聞いたところでは、突然降ってわいたように、解放軍総政治部歌舞団側から熱心なオファーが来たという。

本来、この手のオペラ公演は計画から実現まで四、五年をかけてじっくり下準備して行う。それだけ金がかかるものだし、チケットを完売させるのも簡単ではない。だが、「木蘭」公演話はわずか二年前に持ち上がり、かなり急なものだった。

事情通によれば、この公演話は、彭麗媛が在日華僑組織の有力者を通じてロイヤルチェンバーオーケストラの設立者で指揮者の堤俊作とコンタクトをとったことから始まったという。彭麗媛は堤俊作が皇太子殿下と三〇年来の親交があり、ロイヤルチェンバーが「皇太子のオーケストラ」であることを知った上で、狙いをつけて話をもっていき、説得したという。

そして学習院大学で初演の幕を開けたとき、VIP席には皇太子・徳仁親王殿下が現れ、彭麗媛の隣に座った。この時、私的に会話を交わしたという。会話の内容は明らかになっていないが、一カ月後に控えた習近平訪日での天皇陛下との特例会見についての念押しであったと推測されている。この公演の最後には彭麗媛と芹洋子が二五年の時を経て、一緒に「四季の歌」を歌うというサプライズ演出もあった。夫の訪日を控えて、日中間でできるだけ友好的な雰囲気を盛り上げようと、彭麗媛としては持てる人脈を総動員したのである。

だが、こういった彭麗媛の動きは、中国外交部のあずかり知らぬところで進められ、外交部官僚たちは反感をもった。日本でも大きな問題として報じられた習近平の天皇特例会見申し込みの「一カ月前ルール」破りは、実務を預かる外交部官僚たちが、習近平訪日の日程がぎりぎりまで決まらなかったことを理由に、わざと申請をしなかったからではないか、と言われている。現役国家主席の胡錦濤と次期国家主席の習近平の間にある微妙な政治対立も外交部官僚たちの仕事ぶりに影響したともいわれている。

結果として天皇特例会見に成功した習近平だが、外交ルールに無知だということを国内外に暴露され、恥をかかされた。さらに日本では、せっかく彭麗媛が下ごしらえした友好ムードは消し飛び、日本メディアは習近平が天皇陛下を政治利用した、と批判的に報じた。習近平はこの時の訪日の思い出があまりに悪かったために、後に対日強硬外交にシフトした、という人もいる。少なくとも、その後、彭麗媛が日本重視を説いても聞く耳をもつことはなかったようだ。

宋美齢の復活か、現代版西太后か

公平にみれば、習近平よりも彭麗媛の方が視野が広く実行力がある。歌姫という職業柄、派手なようにみえるが、浮いた性的スキャンダルも、利権がらみの噂も今のところない。軍の歌舞団など腐敗の温床であろうから、一つや二つの具体的エピソードが漏れ出てもよいはずなのだが、それが出てきていないというのは、本人がよほど慎重なのか、敵が少ないのか、また感情や欲望を抑制するのに長けているのかもしれない。

余談ながら彭麗媛は一九九三年六月（一九九二年という説もあり）に福州市で一人娘・習明

沢を産んでいるが、この習明沢も、太子党と大スターの間の娘でありながら、最近になるまで写真も表に出ていなかった。薄熙来の息子・瓜瓜と同じく米ハーバード大学に留学したが、瓜瓜が金にあかせて遊びまくり、そのはめのはずしっぷりがインターネットなどで流れるのとは対極的である。

八〇年代、中越紛争時代に前線にいた軍人たちにとっては彭麗媛は今なお女神のような憧れの存在であり、習近平の言うことは適当に聞き流しても、彼女の言うことならば耳を貸すという解放軍幹部もいるという。共青団とのつながりも深く、習近平と直接話し合うよりは、彭麗媛をはさんで話をしたいという団派の官僚たちもいるという。何より一定年齢以上の人々にとってはいまだ国民的アイドルだ。

習近平政権発足以来、中国の状況は国内経済、国際環境、社会の治安維持、民族問題のいずれをとっても悪化している。この状況に対して習近平政権がとっている方法は、地方官僚叩き、対外強硬姿勢、治安維持強化、少数民族弾圧という保守路線だ。だが、習近平および現役政治局常務委以外の指導部は共青団出身の改革派が取り囲んでおり、習近平が代表する太子党利権集団と共青団の権力闘争は複雑化している。今の中国は内政・外交とも何が起こるかわからない一触即発の危うい状況と言える。

もちろん、胡錦濤政権時代もそういう危うさはあったのだが、官僚的共青団出身の胡錦濤、温家宝は一応、その危うさを自覚し、処方箋通りの対症療法を行い延命を図ってきた。あぶないと言われつつ一〇年の延命を実現した、それが胡温体制だった。

だが、太子党の習近平にはそういう官僚的な忍耐もない。政治家として指導力も今ひとつ期待できない。そういうとき、軍人と国民に圧倒的人気のある彭麗媛の発言が、習近平の政治に影響力を持つようになってくる、ということは十分あり得るのではないか。

山東芸術学院に入学したての頃、日記に「野心は至高無上」と書いた彭麗媛。飢餓と文革の迫害の中で成長し、鍛え上げられた鋼鉄のように強靭で美しい歌姫はその言葉通り、ファーストレディにまで上り詰めた。彼女の野心はまだ上があるのだろうか。

現段階では夫の出世を助けた「あげまん」とも、夫の影を踏むどころか、存在感まで食ってしまう「悪妻」とも言える彭麗媛だが、今後の中国政治の中でどんな役割を果たすかが、日本、あるいは国際社会にとって注目されるところだろう。ひょっとすると、蔣介石に影響を与え、国際社会を味方に引き付け、日中戦争の流れを変えた宋美齢のような、中国の国際社会向けの広告塔になるかもしれない。あるいは、清朝に引導を渡した西太后の現代版か。総書記よりも気になる存在である。

第4章　堕ちた歌姫は権力闘争の生贄か――湯燦

「公共情婦」という言葉がある。

単なる「娼婦」とも「情人」とも若干ニュアンスが違う。そこに権力、金、色欲の駆け引き、政治が介在する含意がある。過去、中国の政治家・官僚が公共情婦を持たなかった例はほとんどない。

社会科学文献出版社の『形象危機応対研究報告　二〇一二』によれば、高級官僚の九五％が愛人を持っているという。つまり、それは一種の中国政治文化だといっていいだろう。権力をもてば、金を持つようになり、その証として愛人を囲う。現代中国のように権力と金と愛欲が熾烈な駆け引き道具となっている場合、一人の官僚が数十人もの愛人を囲っていた、というニュースが当たり前のように流れる。そして同時に一人の愛人が数十人もの高官を虜にしていた、という例も少なくないのだ。

続く三つの章では美貌だけではない、あくなき野心と欲と執着で、高級官僚、政治家たちを高みから引きずりおろし破滅させた伝説的な公共情婦たちを取り上げたい。

二〇一三年五月一九日に反共産党華字ネットニュースサイト『人民報』ににわかに信じがたいニュースが流れた。

中国共産党高官の公共情婦、師団級軍属歌手で「民謡クイーン」と呼ばれる湯燦《タンツアン》はすでに五、六カ月前に秘密処刑されていた、と北京在住の友人二人が相次いで証言した。彼女は「知りすぎた女」であり、非常に多くの人たちが、口封じを望んでいた……という。

湯燦の名前を知っている人はかなりの中国通で芸能通だ。「民謡クイーン」と呼ばれた国民的歌手、ファーストレディ・彭麗媛の同業者でいわば妹分にあたる。解放軍北京軍区文芸工作団（文工団）所属。透き通るような白い肌と、「電眼」と称される妖艶なまなざしのブロマイド写真をみれば、ああ、あの歌手！　と思い当たる人もいるだろう。二〇〇四年は香港ミュージカル「雪狼湖」で張学友とともに主演を務めた。二〇〇六年ごろ、若手映画監督・陸川との熱愛が報道された。二〇〇八年の北京五輪のときは、山東省曲阜市の聖火リレーにも参加している。

しかし第一八回党大会を前にした激しい権力闘争の中で次々と汚職容疑で失脚させられた高級官僚や軍人らと彼女が深い関係にあったことは、日本ではあまり報じられていない。

湯燦と肉体関係があった中国共産党高官は一〇人を下らないといわれる。後に出版された湯燦スキャンダル本としてはもっとも詳細な江雪著の『新公共情婦　湯燦』に挙げられている名前を参考にすれば、

許宗衡《きょそうこう》（二〇〇九年に汚職で失脚した元広東省深圳市長）

周以忠（二〇一一年八月に汚職で失脚した元河南省開封《かいほう》市長）
毛小平（二〇一二年四月に汚職で失脚した元江蘇省無錫《むしゃく》市長）
李東生（元宣伝部副部長で現公安部副部長）
焦利（元中央テレビ局長、二〇一二年一月に国家新聞出版総署副署長に異動するも、同年一〇月に突然解任）……。
そして、薄熙来（元重慶市党委書記、二〇一三年九月に無期懲役判決）とも関係があったとか。

二〇一一年一二月に党中央規律検査委員会の尋問を受けたという情報が流れて以来、彼女は忽然と姿を消した。

彼女が中央規律検査委のターゲットになったのは、解放軍上将の徐才厚（元解放軍総政治部主任）との関係を疑われたからだと言われている。幾度となく失脚の噂が出ながら徐才厚が無事完全引退を済ませたところをみると、湯燦から決定的な汚職証拠はつかめなかったのかもしれない。二〇一二年六月には、湯燦が懲役一五年の判決を受けたという非公式の情報がネット上を駆け巡った。だが実は、秘密裏に処刑されている、というのか。

その後、あふれるように湯燦スキャンダル情報が流れている。そのスキャンダルが本当なら、彼女はヨガで鍛え上げた美しい肉体と性技を使ってつぎつぎと権力者、高官たちを虜にし、富と名声を手にしてきた絵に描いたような「魔性の女」である。だが、見方を変えれば、中国政治のどす黒い権力闘争の生贄かもしれない。

彼女は今、どこにいるのか。生きているのか、死んでいるのか。その生存を願って、湯燦にまつわる物語を紹介しよう。

肉体で名曲を買う

私は湯燦がけっこう好きだ。その美声、歌唱力は疑いない。ストイックな軍装をまとうと得も言われぬ妖艶さが滲んだ。顔はもともと美しいが、さらに美しく整形している。そのとがった鼻も大きな目も人形のように完璧な形をしている。右くるぶしにバラの入れ墨がある。彼女はその美貌と肉体を駆使して獲物を狩るハンターのように、権力と金のある男たちを捕まえた。酒豪の彼女はまず相手に酒を飲ませ、「電眼」と称される、強く訴えかけるようなまなざしでターゲットを撃ち落とす。雪のような肌を見せ、細い腕をからませれば落ちない男はいまい。芸能界は才能や努力だけではチャンスがつかめない。だから、どんな手段を使ってでも、のし上がっていこうとする潔いまでの覚悟がある。女性の立場から見れば、これは批判や揶揄の対象ではなく、むしろかっこいいとさえ感じることがある。

だが、そこまでしなければ生き残れない厳しい芸能界という戦場で闘い続けているうちに、どれだけの古傷を抱え、どれだけの大切なものを失っていくのか。そう思うと、泣きたいような切ない共感も覚えるのだった。

　彼女がその名を最初に全国に知らしめたのは一九九九年、建国五〇周年の記念の大型文芸晩会で「祝福祖国」を軍装で歌ったときだろう。この一曲が彼女にスターダムへの道を開いた。だが、彼女はそのチャンスを得るために軍属作曲家の孟慶雲に身を捧げていた。これは強要されたのではなく、彼女が自分を全国区で売り出すための曲を作るにふさわしい作曲家を調べあげ、狙いを定めて近づいた。そして、当時五十歳を超えていたベテラン人気作曲家に自分のために曲を書いてほしいと頼んだのだ。ともに酒を飲み、食事をし、逢瀬を重ねて、孟慶雲を籠絡していく。最後に、二十三歳の彼女が「でも、私には、その作曲費を払うお金がないのです」とつぶやきながら、潤んだまなざしでゆっくり歩み寄ってくるのを誰が拒めるというのだろう。孟慶雲が書いた「祝福祖国」は、愛する女性のために持てる才能をすべて注ぎこんだ名曲に仕上がった。

　さらにこの曲は、中国映画界の皇帝・張芸謀《チャンイーモウ》の監督によってミュージックテレビビデオ（ＭＴＶ）が製作される。六五万元を投資したこのＭＴＶは、中国国内音楽シングル曲としては記録を更新する売れ行きとなった。このとき、もちろん張芸謀との関係も取りざたされた。彼女の人生は、デビュー当時からこんな風に緋聞（スキャンダル）が絶えなかった。

黒髪を切るのが嫌で歌手に

デビューまでの湯燦の生い立ちを振り返ってみよう。

湯燦は一九七五年六月一二日、湖南省株洲《しゅしゅう》市の有名な中医家庭の長女の三人目の娘として生まれる。母親はもともと助産師だったが実家の中医稼業を受け継ぎ、婿をとった。いわゆる母系家庭で、湯という姓も母方の姓である。

彼女は生まれ落ちてすぐ、おぎゃあと泣いた声ですら美声だったという。大きく響く声だったので、近隣の人が赤ん坊が虐待されているのかと、心配して覗いたほどだったとか。

父親は二〇年近くの軍歴がある兵士だった。父親の祖父、つまり湯燦の父方の曾祖父はロシア人の東方正教会の伝道師だった。父親はどこから見ても中国人の容貌だったそうだが、湯燦はあきらかにロシア人を感じさせる白雪の肌と彫りの深い顔立ちをしていた。上の二人の姉たちは母親似であった。

湯燦は幼い頃から、自分が特別美しいことを自覚していたという。中医である祖父が知り合いにいつも「この娘は本当に美人だ」と自慢していた。周囲の大人たちは彼女を美しいといい、その歓心を買おうと甘やかした。家庭の中では、王女さまのように溺愛されていた。彼女にとって、美人が特権や優遇を当然のように受け取ることは、生活から学んだ一つの真理であった。

中学三年のときには身長一七〇センチ、五五キロ、豊かな黒髪と白い肌、西洋人形のような顔立ちをもつ目を見張る美少女に育った。学校ではちょっとしたアイドルだった。当時学校では小楽隊を組んで演奏するのが流行っていた。彼女も楽隊に合わせて歌を歌うのが好きだった。その頃は、誰に教わるでもなく好きなように歌っていたのだが、地域のコンテストで湯燦らの学校が優勝し、あの美少女は歌がうまいと評判になった。

中学を卒業して、家族らは湯燦の進路について悩んだ。家庭環境からいえば、娘は看護師か助産師といった医療関係に進ませたいところだ。あるいは長沙の電力機車工場が開設している技術学校への進学という選択もあった。だが、二つとも湯燦は嫌がった。いずれの学校も入学の条件が髪を切ることだったからだ。腰に届くような長い黒髪は湯燦の自慢だった。結局母親の勧めに従って、幼稚園の教師を育成する幼児師範学校への進学を決めた。ここで彼女は音楽芸術の系統的な学習を初めてすることになる。それが後の民謡クイーン・湯燦の誕生につながる。

数ある科目のなかで音楽の成績が非常によかった湯燦は、師範学校主催の音楽会で歌を発表したところ、審査員の湖南省文聯（文学芸術界聯合会。芸術家の組合）に所属する音楽教育家・李暁弐に見いだされ、本格的に声楽を学ぶことになった。

ゴシップ的に言えば、当時十五歳の湯燦を大人の女にしたのは当時四十二歳だった李暁弐であったと言われている。彼は掌中の玉のように彼女の才能を磨き、九二年の受験で武漢音楽学院にみごと合格させた。

武漢音楽学院は中国の八大音楽学院のひとつで一九二〇年創立。中央音楽院、中国音楽院に次ぐ全国三位の音楽名門校だ。プロの音楽家として鍛えあげるべく、入学した学生には一人ひとり専門の指導者がついた。声楽科民族音楽専攻の彼女には、全国でも一、二を争う著名女性声楽教育家の馮家慧がついた。音楽学院には容姿の整った女子学生が多く、またそのころ湯燦はずいぶん太っていたので、かつてのように美貌を理由に優遇されたり甘やかされたりすることなく、容赦なくプロの声楽を叩き込まれたという。「子豚ちゃん（小花猪）」とあだ名がついたこの頃が、彼女がモテなかった唯一の時期かもしれない。

武漢音楽学院を卒業したのは一九九六年。この年、一つの大きな改革があった。大学卒業者に対する職業の「統一分配」がなくなった。それまで大学生は卒業すると就職先が割り当てられた。成績のよい者は軍や国営の音楽機関に配属され、今一つの者は地方の劇団・楽団などに配属されるというふうに。だが、その年から卒業生は自分で自分の進路を探さねばならない。

卒業を控えて、指導教授の馮からどうするの？　と尋ねられ、湯燦はすでに心に決めていることを迷わず答えたという。

「北京に行きます。中央の一流の芸術団に入って、ソリストになります！」

この日、ちょうど武漢音楽学院では中国音楽学院教授・金鉄霖を招いての特別講義が開かれていた。中国民族唱法の変遷についての講義だった。湯燦はこの講義に出席し、授業が終わるとともに金鉄霖のもとに駆け寄り、自己紹介し、「北京に行って金教授の指導を仰ぎたい」と直接話していた。もっとも金鉄霖の方は、このとき湯燦の名前も憶えていなくて、「太った娘が北京に行きたいといっていたな」という程度の印象だったという。

コネのために体を使うことをためらわない

一九九六年初夏、面接のために北京に単身向かった湯燦が持っていたものは、指導教授の馮家慧が北京在住の音楽関係者の友人に書いた紹介状、ちょうど北京の会議に出席中の馮家慧の夫、武漢音楽学院の王院長が宿泊しているホテルの電話番号、自分の歌を録音したテープ、北京への片道切符、そして一〇〇元と少しの現金だった。

列車に乗って遠出するのは初めての経験だった。硬座（二等座席）は狭く車内はタバコの煙がもうもうとして、ものすごく込み合っていた。馮家慧が持たせてくれた果物などをかじりながら二〇時間、列車に揺られながらやっと深夜の北京につくも、駅で財布を掏られていることに気づく。焦りながらもポケットの中に若干の小銭をみつけ、なんとか電話をみつけて王院長と連絡をとり迎えにきてもらった。疲れ果てた湯燦は王院長の姿を見たときは、わんわんと大声を上げて泣いた。湯燦の北京進出はしょっぱなから躓《つまず》いたのだった。

だが、武漢音楽学院の学院長の人脈はさすがなもので、翌日から北京軍区文芸工作団や音楽界の幹部らとの面会がかなう。この時、彼女は二時間かけて丁寧に化粧し、清純な美少女を演じたという。「チャンスをつかむには、女性の優勢さを利用しなくては」。それは湯燦の人生必勝法の真理だった。

彼女は最終的に中国歌舞団のソリストとしての採用通知を受け取った。

中国歌舞団は一九九六年に結成されたばかりの文化部直属の芸術団だった。だがその前身は中国を代表する最高レベルの伝統劇団・中央歌舞団である。中国軽音楽団と合併されることになり再編成されたので名称が一新されたが、その伝統とレベルは受け継がれていた。彼女は最初の一カ月の給料で自転車を買うと、団員としての活動をしながらも、著名な声楽指導者のもとに通い、自分を鍛錬していった。まずは実力勝負。入団した一カ月後に「全国青年歌手テレビ大コンテスト」で優秀歌手賞を獲得した。

また、女の魅力も大いに使った。最初の相手は中国ナンバーワンといわれる男性テノール歌手・戴玉強。解放軍総政治部所属歌手だ。彼とは偶然、中央テレビ局内で道に迷っているところを出会い、意気投合した。すでに結婚し、子供もいたがまだ三十三歳の若さ。二人で食事しているとき戴玉強は湯燦に言ったそうだ。「君は『電眼』を持っているね」

食事中、彼は自分が既婚者で子供もいることを話した。「奥さまは、あなたが女性と二人で食事しているのを怒らないかしら？」と湯燦が聞くと、「ああ、彼女も別の人と食事しているだろうよ！」と言う。既婚者でありながら露骨に誘ってくるずうずうしい戴に、湯燦はむしろ刺激を感じたという。

その週末に二人はデートし、ホテルで結ばれた。この時、団の月給五〇〇元で暮らしていた湯燦に、戴は三曲四万元の舞台の仕事を紹介してくれただけでなく、北京芸能界のグループに引き入れてくれたという。中国は実力だけではのし上がっていけない。コネがないとチャンスはない。このコネのために、彼女は女の魅力を使うことをためらわなかった。

遅咲きの初恋にやぶれる

こんな風に肉体を使ってのし上がってきた彼女にも初恋があったと言われる。そのかなり遅い初恋の相手は、第六世代映画の新鋭、若手映画監督のホープと言われた陸川だった。その根拠は、陸川とは同棲までしていたこと、陸川が独身であったこと、そして陸川と付き合っていたころ、メディアに「恋人がいる」「二、三年以内に結婚をしたい」と漏らしたこと、などである。そして陸川との破局後、それまでは「恋多き女」という芸能界ゴシップレベルだった男性関係が、政界・軍部相手までに広がり「公共情婦」とささやかれる爛《ただ》れた生活に落ちるのである。

二〇〇五年、湯燦が三十歳になった年、陸川と出会った。この年、湯燦は湖南テレビを相手取り、歌曲「大長今（テチャングム＝韓国ドラマにもなった李氏朝鮮中宗期の医女）」の版権を争う裁判を起こしていた。湯燦は韓国の作曲家本人から「大長今」の曲の中国語版版権を二万ドルで購入していた。だが湖南テレビが「大長今」のドラマを放映するさい、このOP曲を勝手に中文版に吹き替え、そのMTVまで作ったのだった。ドラマの方が早く上陸し、人気を博したため、湯燦は大きな経済的損失を被ったと、裁判で訴えた。

湖南テレビは裁判で争うのを不利と見て、湯燦を司会とした専門番組を創ることを提案。このプロデュースを陸川に依頼したのだった。

陸川のオフィスで、湯燦は初めて陸川と会った。この時の湯燦はほとんどすっぴんで、舞台上の湯燦とは全く印象がちがっていた。だが、西洋人風の彫の深い顔立ちと優雅さに、陸川はハリウッド女優の前にでもいるかのような感覚に襲われたという。湯燦の方は、そのころはまだ陸川の代表作「ミッシング・ガン」や「ココシリ」は観たこともなかった。初めて会ったその日、二人は食事をし、湯燦も初めて彼が将来有望な映画界のホープであることを知った。湯燦のほうからその翌日にまた会う約束を取り付けた。家に帰ると、マネージャーにたのんで、すぐ「ミッシング・ガン」と「ココシリ」のDVDを取り寄せた。その映画を観終わったときには恋に落ちていた。

二人の関係は一年間は秘密にされたが、〇六年にはメディアがしきりに熱愛ぶりを報道していた。このころ二人は結婚を約束していたので隠す必要もなかった。

ただ陸川は「南京！　南京！」の製作が壁にぶちあたり、非常なプレッシャーの中にあった。これは一九三七年の南京事件を題材にした一種のプロパガンダ映画であるが、陸川としては国際社会に通用する戦争映画に仕上げたかった。だが、業界では若手の彼にそのような国家的大作の監督が務まるのか、という冷ややかな目もあった。このため、結婚の合意はあったものの、陸川にとってはそれどころではなかった。

また陸川の父親・陸天明は国家的大作家でもある。湯燦は陸川の実家にあいさつにいったとき、両親の態度の中に、礼儀正しい中にも冷淡なものを感じた。湯燦は一回の出演料が二〇万元をくだらない大歌手ではあるが、出身は田舎の中医家庭であり、陸家から見れば不釣り合いだと思われたのだろう。

そうやって結婚がのびのびになっているうち、陸川は「南京！　南京！」の主演女優・秦嵐に心が移っていた。

湯燦が一度、南京の撮影現場を訪れたとき、秦嵐とも会った。彼女は、六歳年上の湯燦に対しても、親しげで礼儀正しい態度であったが、湯燦は漠然とした敵意を感じたという。陸川はというとその夜、撮影予定が入っているという理由で、わざわざ会いに来た湯燦を一人で南京のホテルに泊まらせた。だが、実はその夜に撮影予定など入っていなかった。しばらくして、芸能ゴシップ紙に陸川と秦嵐の熱愛報道が流れた。湯燦は失恋したのだった。それは三十路をこえて味わう初めての心の痛みだった。

権力の蜜を吸いながら美しく妖しく変わる

この失恋を境に、湯燦の魅力は一層妖艶なものへと変わってゆく。陸川が自分より六歳年下の秦嵐に奪われたのは、陸川が自分の性技に満足していなかったのだと考えた。陸川はよく、ヨガをやれ、と彼女に勧めていた。ヨガをやると性技が上達するのだ、と。彼女はそのとき、週二度、ヨガのクラスに通ったが、一カ月でやめてしまった。それは主に痩身目的のクラスだったので、すでにスタイル抜群の彼女にさほど必要なものとは思えなかったのだ。だが、その後、ヨガの本質が「気のめぐり」の調整にある気功とよく似たものだと知り、専門家について真剣にその原理を勉強した。そして自分なりに、性能力を最大限に引き出すためのヨガを研究して、毎日必ず一時間するようになったという。

その効果のせいだろうか、彼女はこの頃から「美妖姫」とあだ名がつくような、ぬめるような美しさをまとうようになっていく。だがその妖しさはヨガのせいだけではなかった。それは政治権力の蜜を吸った蝶だけがまとう種類のものだった。

彼女に最初に政治的特権の味を教えるのは、元深圳市長の許宗衡。彼が湯燦を見初めるのは一九九九年、「祝福祖国」のMTV上だった。このとき、許はまだ深圳市の一官僚にすぎなかったが、積極的にアプローチ。だが「ガマガエルが白鳥の肉を食べたがるようなものだ」とMTVを手掛けた張芸謀監督が嫌味を言ったとか言わなかったとかいう話が出るくらい、相手にされなかった。

しかしそれでもあきらめきれない許は、二〇〇三年もコンサート開催などの機会をつくって湯燦を深圳市に招いた。このとき、許は市党委組織部長に出世していた。

「あなたにはこれからも何度も深圳に来て、市の文化発展に貢献してほしい。別荘を一つプレゼントしますので、それを拠点にしてください」「実は、私は今後、市長に昇進することが約束されているのです。深圳であなたができないことは何もなくなります」。こんなふうに、再度、湯燦を熱心に口説いたという。そして連れて行かれた深圳の別荘は湯燦が見たこともないような瀟洒な洋館風の建物。彼女は心が揺らいだがこの時はなんとか堪《こら》えた。かといって、別荘の鍵の受け取りを拒否したわけでもなかった。

二〇〇五年、許は自分で言っていたように、深圳市長に昇進した。そのあとで、湯燦が例の別荘のことについて調べてみると、確かに五〇〇万元で彼女に譲渡されていた。以降、深圳に行くたびに湯燦はこの別荘を拠点とするようになる。陸川に失恋したあとは、許が湯燦の情人となった。二〇〇九年、許は巨額汚職が発覚し、失脚するが、彼は本当に湯燦を愛していたらしく、供述書には湯燦のことは一切触れられていない。湯燦は一時期、自由な行動を制限されたが、捜査に協力的だったということですぐに解放された。湯燦はほとぼりの冷めたころに、この別荘を売り払った。一五〇〇万元で売れたという。

中央テレビ副局長だった李東生が中央宣伝部副部長を経て、中央公安部副部長に抜擢された背景に湯燦が関係しているという噂もある。実際に男女の関係であったかどうかはわからないが、かなり深い交流はあった。

湯燦が李東生と出会ったのはやはり「祝福祖国」ＭＴＶ製作時だった。この時、李は中国人が関心を持つ社会問題の内幕をえぐる人気番組「焦点訪談」などの成功で副局長に抜擢されたばかりだったという。李東生は湯燦がまだ独身だときいて興奮して、「私が素敵な男性を紹介しますよ！」と、彼のグループ（圏子）に引き込んだという。

李東生のグループは、湯燦が今まで関わってきた芸能界とは全く違う政治・官僚世界の人脈でできていた。このグループに引き入れられたことで、湯燦は中国政界に人脈ができはじめた。

最大の人脈は周永康だったと言われている。李東生が「素敵な男性」と言って湯燦に引き合わせようとしていたのは実は周永康だった。周永康は四川省党委書記のとき妻を事故で亡くし独身だった。二〇〇二年、周永康は公安部長となり、やがて党中央政治局常務委、党中央政法委書記という最高指導グループに出世していく。精力絶倫と言われた周永康のために、李東生は芸能界の美女を物色していた。そこで、白羽の矢を立てたのが、中央テレビの人気キャスター・王小丫《おうしょうあ》と国家的歌姫の湯燦だったとか。結果から言うと周永康が選んだのは王小丫だったが、湯燦にも興味をもったと伝えられ、秘密裏に交際したという。この時、湯燦は何の経済的、政治的見返りも求めなかった。ただ、何か必要があれば助けてほしい、と言うだけだった。また湯燦は周永康を通じて、中央政界の秘密をかなり仕入れたとも言われている。周永康に二人の美女との出会いの仲介の労をとった李東生は中央宣伝部副部長、公安部副部長と出世していった。

パトロン的愛人であった深圳市長の許宗衡が失脚したのちに湯燦が見つけた新しいパトロンもやはり政治家だった。河南省開封市長の周以忠である。

一九六二年生まれの周以忠は清華大学修士課程の学歴をもつ秀才肌で、二〇〇七年にスピード出世で開封市長の座についた。

最初の出会いは二〇〇三年、〇五年の開封市でのリサイタル公演のときだったという。ただその時、周以忠はまだ南陽市の副書記。熱い視線を注ぐも湯燦は気づきもしなかった。二〇一〇年一〇月に開封市体育場で中国菊花展覧会に合わせた中国芸能界のスターが一堂に会する大コンサートがあり、湯燦も出演した。周は開封市長としてコンサート後の打ち上げパーティで湯燦らを接待したが、この席で半分本気とも冗談ともとれる態度で熱心に湯燦を口説いたという。「僕と付き合えば、巨大な富をプレゼントできるよ」……というふうに。他のスターたちが開封市を離れるとき、湯燦は一人だけ一日延泊し、その夜、周以忠と関係を結ぶ。

まことしやかに噂されているのは、周以忠に「五〇年生きて来て、初めての経験」と言わしめるほどの素晴らしい体験であった。湯燦は陸川に失恋したあと、ヨガで自分の体を徹底的に鍛えなおし、インドのカーマ・スートラを参考に性技も磨きあげたのだという。

周以忠はその感動がさめないうちに、十数億元相当の不動産開発プロジェクトの債券を湯燦に譲渡した。

二〇一一年五月に周が「双規（党中央規律検査委員会による取り調べ）」を受けたのちに明らかになったところによると、開封市長を務めた四年の間に、文化観光建設プロジェクトなどに絡む利権や横領によって、少なくとも数十億元の収入を得ていたという。そのうち湯燦にどれほど流れたのかは不明だが、彼女が身にまとうものは、すべてエルメス、シャネル、ルイ・ヴィトンなど欧米の一流ブランドのものばかりだった。周は供述書の中で湯燦との関係も洗いざらい話したようだが、彼女が持っていた開封市の不動産や開発債券などは没収されなかった。背後で、政法委書記の周永康が手をまわしたのだと言われている。

中央テレビ局長との愛憎

中央テレビ局長の焦利が湯燦を追いかけていたのも、ちょうどこの頃である。一九五五年、習近平の初任地でもある河北省正定県で生まれた焦利は、遼寧大学卒業後、『遼寧日報』の記者からスタート。記者仲間からは無能と陰口をたたかれていたが、中央メディアおよび宣伝部方面の出世は記者としての能力よりも官僚としての慎重さが重要だ。二〇〇九年、中央テレビ新社屋の春節花火による失火事件で前局長・趙化勇が責任を負う形で失脚後、中央宣伝部副部長から棚ボタ式に局長の座を手に入れた。

中央テレビはテレビキャスターや女優、歌手ら美女の花園である。そして局長はその花園の王様である。焦利は極めて慎重な性格だったので、これまで浮いた話はほとんどなかった。だが、朱に交われば赤くなるというべきか。あるいは真面目な男ほど一度タガが外れると救いようがないというべきか。まもなく焦利は、歴代で最も「女性にだらしない局長」と陰でささやかれる。本社の会議室や使われていないスタジオ、楽屋などいたるところで局長の情交の跡が見られたので、この頃、中央テレビ局内では「台長姓焦（性交）（局長の姓は焦=局長はセックスしている、姓焦と性交の発音が一緒なのをかけている）」といったブラックジョークが流行るほどだった。

湯燦は二〇一〇年九月の上海でのリサイタル公演のとき、焦利と知り合う。上海テレビ局長が会場で焦利の姿を見つけ、湯燦に紹介した。焦利は目の前の湯燦の美しさにぼーっとして、名刺を渡して北京で改めて会いましょう、と約束する。

二人は約束どおり北京で再会し、男女の関係になるのだが、湯燦にとって焦利がくれる見返りはこれまでの崇拝者に比べるとあまりに少なかった。彼女は日本の紅白歌合戦にあたる中央テレビの看板番組「春節聯歓晩会」で独唱の機会をくれるようにねだったが、焦利は「もうプログラムは決定ずみだから、今さら変えられないよ。元宵節（旧暦の一月一五日）の晩会では独唱の場を設けるから」となだめた。だが、結局、「元宵節晩会」にも湯燦のソロの出番はなかった。湯燦はその後も、何度も電話して焦利に文句を言ったが、焦利は「もう、しばらくは大型歌番組はないんだよね」とのらりくらりと躱《かわ》す。湯燦の電話攻撃はますますエスカレートし、一度など焦利が別の女優と同衾しているときに携帯電話をならした。電話口からもれる甲高い湯燦の声に、その女優が拗ねて服を着て帰ってしまったものだから、さすがに焦利もぶちきれたという。

それから間もなく、湯燦は遼寧から不気味な電話を受ける。

「俺は焦利の弟分だ。アニキのためならなんだってできるんだぜ。もうアニキにまとわりつくなよ。でないと、子分どもをそっちに向かわせて、姐さんの体を八つにばらすことだってできるんだぜ」

普通の女性だったら、この脅しで震え上がってしまうところだった。だが彼女も体ひとつで芸能界を泳いできただけのことはある。自分自身の人脈を使って、焦利と東北マフィアとの関係を調べ上げて、その報告書を中央弁公庁主任の令計劃《れいけいかく》に送りつけたのだった。その報告書をみて激怒した令計劃は、国家主席・胡錦濤の指示をまたず、中央規律検査委員会に渡してしまう。

二〇一一年一一月、焦利は突然、中央テレビ局局長を免職。二〇一二年一月、新聞出版総署副署長に降格される。その二日後に「双規」にあい、一〇月には解任に追い込まれた。

この時、湯燦は中央規律検査委員会から被害者として延べ三時間の尋問を受けたのだが、実はこの時別の中央軍事委員会の汚職についての情報収集協力を要請された、という噂もある。そのターゲットが、徐才厚だったと。

軍属歌手への転身

徐才厚との出会いは少し時をさかのぼる。二〇〇五年、湯燦の所属する中国歌舞団は東方歌舞団と合併され、中国東方歌舞団と名を改めた。このとき新団長となった田軍利は著名劇作家であり、敏腕プロデューサーとして歌舞団の収入を一気に増やした。だが、彼は湯燦と折り合いが悪かった。湯燦の艶聞があまりに多いことに歌舞団のイメージが損なわれると苦言を呈した。そこで、湯燦は二〇〇八年、歌舞団を辞めることを決意する。

このころ湯燦はまったくの偶然で、金鉄霖と出会う。宋祖英や彭麗媛を見いだし、大スターに育て上げた中国最高の音楽教育家である。学生時代に講義を聴き、生意気にも「指導を仰ぎたい」と言ったこともあった。男を手玉にとることに長けていた湯燦でさえ、金鉄霖の前では、感動と緊張で小娘のように震えたという。だがこの大御所は優しく「この数年の君の活躍には注目しているよ」と声をかけてくれた。湯燦は思わず、中国東方歌舞団を辞めようと考えていることなど悩みを打ち明けた。

金鉄霖はこう提案した。「では中国音楽院で教鞭をとってみるかい？　君のような全国区の賞をいくつもとっている歌手ならその資格は十分ある。そしてあいている時間に、あなたの歌唱法を調整してあげよう」

金鉄霖に師事すること、それは中国歌手が夢にみても、なかなかかなうことのない貴重なチャンスだった。湯燦は一も二もなく、この申し出を受け入れた。

湯燦は金鉄霖とその妻、馬秋華からもっとも可愛がられた弟子のひとりとなった。二〇〇九年には「私たちのことは金パパ、馬ママと両親のように思ってくれたらいいからね」とまで言われた。金鉄霖の指導で湯燦が獲得した新しい発声法は通俗歌謡と民謡と西洋の声楽を取り入れ、後に「湯氏唱法」と命名された。

父と慕う金鉄霖の人脈で、湯燦は彭麗媛とも知り合い、妹のように可愛がられた。湯燦も彭麗媛に対しては、憧れの歌手として崇拝し、非常に素直だった。ある日、彭麗媛主催の晩餐会に招かれた。このとき習近平、習近平の姉の橋橋、民謡歌手の大御所の宋祖英、そして中央軍事委副主席の徐才厚の姿があった。

徐才厚は最初、湯燦の名前を知らなかった。彭麗媛が紹介すると、突然思い出したように「ああ、『祝福祖国』の！　思い出したよ、素晴らしい歌声だった」と称賛の声を上げた。彭麗媛が「私の妹ですからね」と言うと、徐は「君はまだ若いし、体つきもしっかりしている。軍に来ないかね？　小宋（宋祖英）のいる海軍政治部所属とか小彭（彭麗媛）と一緒の総政治部所属とか？」と尋ねた。宋祖英と彭麗媛は一緒になって「それはいいわ！」と盛り上がった。

この出会いがきっかけで、湯燦は解放軍北京軍区文芸工作団に入団、軍属歌手となる。二〇一〇年九月のことだった。

湯燦の階級は大校という上級大佐にあたる軍銜（軍人の階級）であり、副師級の待遇が与えられる。彭麗媛と宋祖英、そして徐才厚の後ろ盾あってこその地位といえる。文工団に三〇年以上所属していた董文華ですらまだ副軍級である。湯燦が徐才厚と男女の関係にあったのではないかという噂は当然たった。この噂が、彼女を中央の権力闘争に巻き込んでゆくことになった。

権力闘争の渦の中へ

二〇一一年暮れ、元国家主席の劉少奇の息子で解放軍総後勤部政治委員の劉源上将が、中央軍事委員会の会議場で突如、「軍の腐敗」に対する非難発言を行う。それはすでに、ネット上で噂になっていた北京市CBD（中央商務区）の一等地に億元単位の二〇畝《ムー》以上を占める「将軍府」と呼ばれる豪奢な私邸を建てているある軍人を具体的には指していた。その軍人こそ解放軍総後勤部副部長・谷俊山中将である。

谷俊山は一九五六年、河南省濮陽《ぼくよう》県出身。総後勤部とは装備・備品購入などを受け持つ部署で、この中には軍施設・宿舎を管理する不動産土地管理局などもある。谷はかつて営房土地管理局長や総後勤部基建営房部副部長なども歴任。〇九年に総後勤部副部長に昇進し、二〇一一年に中将となった。

谷はこの自分のポジションを利用して軍の公金を使って「将軍府」と陰で揶揄される豪邸を建てたほか、軍用地の接収や転売の際に生じる巨額の利益を横領していた。たとえば劉源のブレーンとされる作家・張木生が指摘しているのだが、上海市中心部の軍用地（軍の評価額一畝二〇〇〇万元）を、地元不動産大手に一畝二〇億元で売り、その差額を着服していた。そういった横領を全国十数カ所で行っていたとか。谷は外出時は軍用機をプライベートジェット代わりに使い、軍費で退職幹部のために建てた四〇〇棟の高級アパートを個人名義でもって、個人にプレゼントするなど、目に余る汚職腐敗ぶりだったという。

谷がここまで野放図な汚職に走れたのは強い後ろ盾があったからだと言われた。それが徐才厚を含む軍の三巨頭だとささやかれていた。劉源はこの会議上でこう力説したと伝えられる。

「今の軍の深刻な腐敗の責任は、主に軍事委指導部にある。郭伯雄、徐才厚、梁光烈、あなた方制服組トップは一体何年その地位にいたのですか？　あなた方に責任逃れの言い訳はできませんよ！」

胡錦濤や習近平もいる席で本当に名指しで軍部制服組トップに軍の腐敗責任を問うた、という言説はにわかに信じがたいのだが、劉少奇の息子というサラブレッド級の太子党で習近平の親友、しかも胡錦濤の信任も厚い、とあれば別格として許された発言かもしれない。いずれにしても、この会議は嵐のように荒れに荒れた。谷俊山は二〇一二年一月に免職となり、その後、軍用地転売で総額二〇〇億元を超える賄賂を受け取った容疑で起訴された。

湯燦は谷俊山とは直接面識がなかったと言われている。だが、谷俊山の後ろにいたとされる徐才厚は湯燦のことをいたく気に入り、破格の待遇で北京軍区文工団に迎え入れた。少なくとも中央軍事委高官たちの秘密の一つや二つを知っているのではないか。そう考えた中央規律検査委は、焦利事件の捜査協力という建前でかなり長時間尋問したという。

この頃の中央規律検査委のトップは賀国強。一般に江沢民派の政治家とされるが、本質的には職務に忠実な官僚的性格で、この時は上層部の指示に従って行動しているにすぎなかったと見られている。胡錦濤はこの頃、党中央政治局常務委人事において江沢民派との駆け引きにかなり不利な状況にあった。そこで中央軍事委人事において巻き返しを図ろうと画策中だった。江沢民の信任が厚い徐才厚は、習近平が中央軍事委主席になった暁には軍師として補佐してほしいと江沢民が望んでいる人物であり、胡錦濤側としては徐才厚の影響力を排除したいと狙い、その腐敗の証拠を探していた、というのだ。

だがこれも異説があって、習近平が親友の劉源を通して、国軍化支持派だったといわれる谷俊山を排除しようとした、という見方もある。このあたりの陰謀論は対立する派閥の双方からリークが流れるので錯綜しているのだが、徐才厚と習近平が私的にかなり親密であることは確かである。湯燦が徐才厚と出会ったのも習近平の妻・彭麗媛が主催した晩餐会の場だった。

徐才厚の汚職容疑は、二〇一三年一〇月現在、表ざたにはなっていない。湯燦は徐才厚については、さほどの情報をもっていなかったという。また、途中で尋問を停止するように上層部からの指示があったとも言われている。

中央規律検査委の尋問を受けた湯燦は一度、自宅に戻ることを許されたが、北京を離れてはならない、また舞台に出演してはならない、と言い渡された。

そしてしばらくすると中央規律検査委から再度出頭要請がきた。湯燦は嫌な予感がした。ひょっとすると今度は自分が汚職容疑で取り調べられるかもしれない。その心当たりは十分あるのだ。

湯燦は中央規律検査委に出頭する前、一度、彭麗媛に助けを求めたという。彭麗媛は習近平に電話して、「あなたから中央規律検査委書記の賀国強に『湯燦の出頭命令を取り消すように』と言ってほしい」と求めた。「彼女はたかが一歌手です。軍の汚職事件とどう関係があるというのですか」。言葉は丁寧だが、語気は強かったという。だが、習近平の働きかけに賀国強はとりあわなかった。やがて一部のゴシップメディアで、湯燦が双規にあったというニュースが流れ始めた。

その後、彼女の携帯電話も、自宅電話も通じなくなった。彼女がどうなったか、公式には何も明らかになっていない。

第5章　魔性の熟女のチャイナドリーム

——李薇

公共情婦第一号

おそらく新聞メディアで「公共情婦」という言葉が一般化したのは李薇《リーウェイ》事件以来であろう。そのくらい彼女と関わる中国高官たちの腐敗ぶりは衝撃的で、「公共情婦第一号」という呼び名もある。

元山東省青島《チンタオ》市長・杜世成、元雲南省長・李嘉廷、元中国石油化工集団公司総経理（社長）・陳同海、元北京市長・劉志華、元最高法院副院長・黄松有、元国家開発銀行副行長・王益、元公安部長助理・鄭少東……。監獄に入れられている高官だけですぐに、これだけの名前があがる。そのほか関係の疑いがもたれているのは金人慶、王家瑞、李肇星《りちょうせい》、兪《ゆ》正声《せいせい》、杜青林、薄熙来や周永康といった中央の大物政治家の名前まで出てくるのだった。その数一五人。

さらに驚くべきことは、彼女は二〇〇六年一〇月に脱税で逮捕されるのだが、二〇一〇年暮れ、起訴されずに突然釈放されたのだ。彼女は単なる「公共情婦」ではなく、台湾から雇われた女スパイであったという説もある。また第一七回党大会の激烈な権力闘争の中で太子党政治家たちのさまざまな秘密を握っていた。釈放されて間もなく出国、その後の行方は杳《よう》として知られていない。

ベトナム難民だった少女が、どうやって権力の高みにいる男たちを次々とりこにするような女に成長したのか、どうやって十数人もの政府高官を失脚させてなお、生き延びることができたのか。彼女に関する中国報道・香港報道を整理し、推測に推測を重ねなければならない部分もあるのだが、そこを解き明かしてゆけば、中国という国のある一面がわかるような気がする。

ベトナム難民の身分から

李薇は一九六三年九月二四日、ベトナム生まれ。父はフランス系ベトナム人の商人だった。李薇七歳のときに、ベトナム戦争の戦火を逃れて両親二人兄弟姉妹三人の一家六人で中国雲南省紅河州ハニ・イ族自治州に移住してきた。当時、雲南省の国境あたりにはベトナム難民村があり四〇〇人ほどが生活していた。中国政府もそれを承認していた。ただ、難民たちは中国国籍と公民の権利を長い間与えられなかった。他の地域に出稼ぎに行くこともかなわず、小さな隔絶された籠の中で暮らすようなものだったという。

中国はちょうど文革期だった。人を階級で差別し迫害する社会だ。難民の中でも、中国の血統をもつ中国系難民はまだましだったが、李薇のようなフランス系ベトナム人家庭にとっては一層生きにくい時代だった。李薇一家はそこで息を潜めて隠れるように暮らし、ようやく新天地にきたと実感できるのは文革後だったという。

文革終了とともに、一家は昆明市に引っ越した。スラムといってもいいくらいの貧困家庭が集まる居住区だった。李薇は手脚の長い、フランスとベトナムの血の混じるエキゾチックな顔立ちの美少女で、性格も快活で人懐っこいと近隣の人たちからは可愛がられた。また頭がよく、商売のセンスがあり、金儲けに貪欲だった。

改革開放の初期、とにかく社会全体が「金を儲けよう！」という熱気にわいていた。ちょうど計画経済と計画外経済が価格差をかかえて併存し、両方の市場を橋渡しするような仲介業が流行った。一種の闇市だが、これを「倒売」という。李薇はいろいろな仕事に挑戦する。それこそ、安全ヘルメットをかぶって建設現場の肉体労働もした。その末にたどり着いたのが昆明市の紙巻タバコ工場から「雲南タバコ」を仕入れての「倒売」だった。

いかつい男たちが独占する「倒売」市場に李薇のような美人が混じっていると、とにかく目立つ。やがてタバコ工場長が彼女を見初め、嫁に欲しいと望んだ。李薇一家はまだ中国国籍もない難民という不自由な身分だった。すでに二十七歳で決して若くもないし、国営大企業の雲南タバコの工場長に見初められるとは玉の輿である。三十歳の年の差があったが李薇は「まあ、もう初恋もしたし、かまわないわ」と二つ返事で結婚を決めた。

だがこの結婚は三年ともたなかった。気の強い男勝りの性格の李薇は、企業改革に成功した国営企業の工場長の傲慢な性格に耐えられなかった。自分が難民出身であることをことあるごとに持ち出された。結局、二人は離婚する。

余談だが、離婚後一年たってから、この工場長は一六〇〇万元の収賄容疑で中央規律検査委員会から指名手配にあうが、捕まる前にシンガポール経由で米国にまんまと逃げ果《おお》せた。もっとも早期に国外逃亡に成功した汚職官僚の一人だと言われている。

漢族、深圳市民・李薇誕生

この結婚は失敗に終わったが、李薇にとって一つのチャンスをもたらした。結婚時代に、雲南省の高官周辺に人脈を持つことができたのだ。それが当時は雲南省副省長に昇級したばかりの李嘉廷の愛人・徐福英だった。親友のような関係となり、やがて徐福英は自分の圏子（グループ）に李薇を引きいれる。何も持たない難民の李薇は権力と金を得て、中国人から小馬鹿にされる境遇から早く脱したかった。家族のために貧困から脱したかった。そのために、唯一自分が生まれ持っている財産の肉体を使い富と権勢を得る徐福英のやり方を学ぶことにした。

一九九五年、徐福英は雲南省の九大高原湖に七〇〇万元でクルーザーを買った。このクルーザーの上で、政財界の高官や大金持ちが集まるパーティが開かれ、李薇は「給仕」として参加した。李薇の目の前で、彼らはビジネスの話をし、堂々と贈収賄を行った。李薇の目の前で李嘉廷は五八〇〇万元の賄賂を受け取り、タバコの輸出と雲南省石油総合公司と外資企業が製造する石油製品の販路について許可をだした。およそ四〇〇〇万元近い利益のでる商談だったという。

李薇は給仕をしながら、権力がどのように金に変わるか、金がどのように権力に変わるかをつぶさに観察し、政治権力の風上にたてば、自然に金が流れ込んでくるのだという真理を悟った。

李薇にまず必要なものは戸籍だ。だが金はない。女の魅力で権力に近づくしかない。三十三歳の彼女にそれができるかの挑戦でもあった。

彼女は安全部門の高官と知り合うことができ、当時広東省公安庁刑偵局長の鄭少東の協力を得て、念願の戸籍を一九九六年一二月に獲得することができた。

彼女の戸籍檔案にはこのように記された。「李薇　漢族　身長一六五センチ：出生地・広東省恵州市恵来県　戸籍所在地・深圳市羅湖区桂園路紅圍坊六号　籍貫・雲南省昆明市　既婚高卒　待業（仕事の分配待機中＝求職中）」

さらに鄭にねだって、香港・澳門《マカオ》と大陸を自由に通行できる身分も手に入れた。また鄭の友人で、公海カジノ船・海王星号の投資者の一人で、香港上場企業・海王集団総裁の兄でもある連超とも親密になり香港居住証も得た。

ベトナム戦争難民の李薇は跡形もなく消え、深圳市民の中国人・李薇が誕生した。

李薇が自分の美貌と肉体の魅力に自信を持つのに十分な成果だった。

チャンスはコネクションの中にある

自信をつけた彼女はさらに高い目標を持つ。あの李嘉廷を落としてみせる！　親友・徐福英のパトロンである雲南省副省長である。徐福英は李薇より一つ年上なだけだった。徐福英は雲南マフィアの元愛人で、雲南二大マフィアのボスが彼女を取り合って戦争を起こしたこともある魔性の女。李嘉廷もメロメロだった。だが、美しさということなら李薇も負けていない。

積極的にアプローチした結果、李嘉廷の複数の愛人の末席に収まったが、それは比較的短期間の浮気みたいなもので、ついに徐福英や香港人の愛人・鄒麗佳のポジションは奪えなかった。そのことが逆に幸いして、雲南省長に昇進後の二〇〇一年九月に李嘉廷が汚職で失脚したときに連座せずに済んだ。李嘉廷は一一九万元の収賄、一〇四九万元に相当する利益供与、徐某（徐福英）への姦通および職権乱用による徐某への不正利益供与三〇〇万元相当などの容疑で〇一年に中央規律検査委の取り調べを受け、中央委員候補の政治的権利と党籍を剝奪された。二〇〇三年には起訴され執行猶予付き死刑となった。妻も収賄容疑で捜査対象となるが、その妻は二〇〇一年九月に自宅で首つり自殺した。徐福英も逮捕され、懲役四年の判決を受けた。

この事件で、李薇も中央規律検査委の取り調べを受けたが、彼女は李嘉廷の愛人の中で最も新参者であったことから、罪に問われなかった。

この経験は李薇にとって深い教訓となった。

「この中国大陸で女が成功しようと思えば、まず権力を持っている好色官僚を利用しなければならないけれど、その官僚の立場・環境を注意深く見極めなければならない。チャンスは一人の男に集中しているのではなく、巨大な網のようなコネクションを形成しているのよ。そのコネクション網を生かして、情報を素早くキャッチして、うまく渡り歩くこと、それが生き残る秘訣なのよ」と周囲にもらしていた。

この経験を生かし、さらなる発展を求めて、彼女は李嘉廷事件後の昆明市を離れ、政治の中枢・北京に進出するのだった。ターゲットは金人慶だった。

金人慶は一九四四年、江蘇省蘇州市に生まれ、中央財政金融学院財政系を卒業したものの、文化大革命で長年、雲南省永勝県糧食局で働いていた。以降、雲南省で官僚として出世し、八五年に雲南省副省長となった。九一年に中央北京に異動、財政部副部長となる。李薇が北京に移った二〇〇一年五月当時、金人慶は国家税務総局長の地位にあった。出世は順調で、実際、翌年の二〇〇二年の第一六回党大会で中央委員となり、翌年三月には温家宝内閣の財政部長となるのだが、私生活はうまくいっていなかった。妻は精神を患い、夫婦生活は皆無。かといって他の官僚のように愛人の二、三人をかこうには性格が真面目すぎた。

アジア一優秀な財政相を落とす

李薇は金人慶と面識がなかったが、金人慶は雲南で二〇年以上も官僚を務めていた。李嘉廷の人脈の中に当然、金人慶をよく知る人物は多くあり、李薇は金人慶の政治的立場も、家庭のプライバシーも、その性格も十分研究しつくして、雲南時代のコネを通じて金人慶に会いに行った。

李薇が金人慶に面会を果たした当時、彼女は三十八歳の熟女。絶世の美女というほどではないが、ほっそりと、しかしグラマラスな肉体と気品ある雰囲気、そして小娘にはない包容力とフェロモンがにじみ出ている。金人慶は雲南からの客人ということで、最初は懐かしさから面会を許可し、会ったあとは李薇の優しげな美貌に魅了されていた。李薇はまもなく金人慶の情婦として寵愛を一身に受けるようになる。

真面目で通っていた金人慶の人生はここで一八〇度転換する。金人慶は李薇におぼれ、そのことは関係者の間では公然の秘密となっていた。「アジアで最も優れた財務相」と評価の高かった金人慶は二〇〇七年八月、六十三歳の若さで突如、財務部長を辞去、国務院発展研究センター副主任に左遷させられ、〇九年一一月には副主任職も退職年齢を理由に免職となるのだが、それはまた、後のことである。

李薇が金人慶に性的奉仕をする見返りにもとめたのは、金銭ではなかった。彼女はまず、北京中央官僚界にコネを作りたかった。李嘉廷失脚の経験から、一人の官僚だけの愛人でいては安心できない。ことあるごとに人を紹介するように金人慶に頼んだ。

中央高官の社交界で、自分の情婦を仲間に見せびらかすことはよくあることだった。人がうらやむような素晴らしい愛人を持つことは官僚・政治家のステイタスであり自慢でもある。金人慶もそう頼まれると悪い気もせず、李薇をつれて高官・政治家らが集う私的宴会に出席するようになった。野心家の李薇は金人慶の人脈をすべて吸収する勢いで交際の範囲を広げていく。この時、李薇が「友達」になった高官は、当時建設部長の兪正声、外交部長の李肇星、安全部長の許永躍、商務部長の薄熙来、農業部長の杜青林、中国石油化工総経理の陳同海……。そうそうたるメンバーである。

李薇は金人慶一人の愛人であることに飽き足らず、知り合った中央高官にも積極的にアプローチしてゆく。まずは出世頭の兪正声に近づいた。

だが兪正声が李薇と男女関係にあったかというと、少なくとも兪正声本人は完全否定している。兪正声は元第一機械工業部長・兪啓威の三男で、元国防部長・張愛萍《ちょうあいへい》の娘を妻とする太子党政治家だ。二〇〇一年一二月に湖北省党委書記となり、翌年には中央政治局入り。順調にいけば中央指導部入りの期待の政治家だ。李薇はこの大物政治家を籠絡しようと、わざわざ湖北省武漢まで会いに行ったりもした。

だが、兪正声は李薇について「金人慶の愛人だとわかっており、金人慶との人間関係を壊さないためにも李薇を避けていた」「李薇の野心をわかっていたので、あまり近づかないようにしていた」と話していたそうで、李薇が武漢に行って食事に誘ったときも、理由をつくってこれを断ったらしい。以来、李薇は兪正声に近づかなくなったが、肘鉄を食らわせた側の兪正声としては後味が悪かったのか、自分のかわりに北京市副市長の劉志華と山東省青島市長の杜世成を紹介した。

五輪汚職の北京市長

李薇はまず、北京市の九人いる副市長のうちの序列四位の劉志華に近づいた。劉志華は都市建設計画を主管しており、元建設部長の兪正声はいわば昔の上司だ。ちょうど北京五輪に向けた都市再開発建設がラッシュに入っており、劉志華は多忙を極めていたが、兪正声の面子《メンツ》もあって、李薇に北京市政府直属の大型ゼネコン企業「北京首都創業集団」の職位をアレンジした。彼女はこれで北京市民の安定した身分を手に入れた。

李薇と男女の関係があったかは定かではないが、劉志華には長年の愛人・王建瑞がいたので、少なくとも彼女以上のポジションには就けなかっただろう。王建瑞は李薇より三歳年上、元国営企業のエンジニアで後に自分で建築会社を起業したキャリアウーマンである。劉志華から五輪施設建設の受注を大量に受け、巨大な利益を得た。早い話が愛人関係を利用した癒着である。王建瑞は劉志華にけっこう本気で惚れていたようで、途中で離婚し劉志華の内縁の妻のような立場にいた。嫉妬心が強く李薇と劉志華の接触も必死で妨害していた。

劉志華は二〇〇六年六月に「生活が腐敗し愛人を抱え、職権を乱用し、五輪建設を利用して巨額の不法利益を得た」という容疑で「双規」を受け、失脚した。起訴状では「王建瑞らおびただしい数の情婦が六九六・五九万元の金品、一〇以上の不動産、土地開発、職務昇級、銀行ローンなどの便宜を受け取った」とあるが、裁判では劉志華は、愛人は王建瑞しかいない、と主張している。王建瑞以外の愛人との戯れビデオも証拠として押さえられていたようだが、劉志華はあくまで、それは王建瑞だと主張しつづけたという。それほど、王建瑞の嫉妬心を恐れていた、という話だが、そのおかげで李薇は、劉志華失脚に連座せずに済んだ。

李薇は劉志華を王建瑞から奪えないと判断したのち、兪正声から紹介されたもう一人の官僚、青島市長・杜世成に照準を定める。

熟女の魅力

李薇と出会ったころの杜世成は五十一歳、山東省政界のホープだった。一九八七年に兪正声が山東省煙台市長、党委副書記だったころ、副市長、副書記を務めた元部下である。

青島市は北京五輪のヨット競技会場に選ばれ、都市再開発ラッシュがおこり、不動産価格は急上昇、バブリーな景気に満ちていた。エネルギッシュな市長は好色であることでも有名で、すでに何人もの愛人を抱えていた。また「性賄路」の通用する官僚政治家でもあった。彼は若く学歴の高い女性が好きというもっぱらの噂だった。愛人には大学教師、大学院生といった才女が並んでいた。

有名なエピソードがある。二〇〇三年、青島市一工程投資開発公司の社長が青島跨海大橋の建設受注のために、留学から帰ったばかりの自分の姪に二〇〇万元相当の不動産を付けて献上したところ、杜世成は遠慮なくそれを受け取り、その公司は見事、建設事業を受注した。実はその姪、留学経験があるとは真っ赤なウソ。高学歴才女好みの杜世成の趣味に合わせて、しばらくの間海外に滞在させ、留学してきたと嘘をつかせた偽留学帰国子女だったという。

李薇が杜世成に最初に会ったのはすでに三十八歳であり、しかも彼女の学歴は高くない。だが、不思議なことに杜世成はすぐに李薇の虜になってしまった。李薇はフランス人の血が入った白皙《はくせき》の肌と大きな目が印象深いが、鼻の頭は丸いアジア人のもので、絶世の美女というわけではない。ただ、なんともいえない柔らかな色気があった。また話し方に中国人らしからぬおっとりとした品があり、成熟した大人の女のフェロモンを感じさせた、という。

一般に情婦志願の女性は、高官と性的関係を持つと、不動産はじめ豪奢な生活をプレゼントしてもらい、ちやほやしてもらい、籠の中のカナリアのような「養われ生活」を望む。だが、李薇は違い、要求を言う前に、まず相手にとことん尽くし、相手の愚痴や悩みを優しく聞いてやり、包みこむように接したという。また他の情婦にやきもちを焼いたり、相手を独占しようとすることも一切なかったという。これは他の情婦にはなかなかマネができなかった。この包容力こそ、李薇が数々の高官を籠絡した最大の手管だと言われている。

杜世成は自分より年下の李薇が姉であるかのように甘え、おぼれていった。やがて李薇は北京から青島に移り住む。もともと商才にたけていた李薇は、青島でもっとも価値ある不動産は海辺の別荘だと見抜いた。この海辺の別荘、二棟を杜世成にねだる。もっとも他の情婦のように、ただただ、ほしいとねだるのではなく、李薇が起業し、その企業名義で購入するという計画を打ち明け、その便宜を図ってほしいと頼んだ。しかも甘くこうささやく。「この別荘をあなたの第二の家庭にしたいの。疲れたとき、心を癒せる愛の巣にしたいわ」。杜世成は、李薇のこの別荘購入計画の便宜を図った。

庭をいれて一〇〇〇平方メートルになる別荘二棟が、総額七五〇万元で李薇に譲渡された。翌年にはその二棟の別荘は総額二〇〇〇万元以上に高騰した。杜世成は破格の値段でこの別荘を李薇にプレゼントした、ということである。

李薇は、二つの別荘を手に入れただけでは満足しなかった。五輪前のバブル景気にのって、彼女も不動産開発に手を染める。

別荘の近くに太平角という岬があった。ここは景観保護区であり、不動産開発は許可されてこなかった。だが杜世成とのコネがある李薇は、北京副市長の劉志華のコネで得た「北京首都創業集団（首創集団）」の職位を利用して、首創名義で、太平角再開発プロジェクトの申請を行う。もちろん首創の一コネ職員である李薇に、そんな権限はない。だが、杜世成は青島市民の猛反対をよそにこの申請に許可を与え、プロジェクトが始動しだすと、李薇は首創集団と青島城建集団に、そのプロジェクトを譲渡し、その見返りに八四〇〇万元を受け取った。またほぼ同時に同じ手法で青島最大の汚水処理場・李村河汚水処理廠プロジェクトの受注も申請、これも首創集団と青島開発投資公司に権利を譲渡し、李薇は首創集団からコンサル料として一〇〇万八〇〇〇元を受け取った。二〇〇二年六月、李薇は杜世成につれられて嶗山《ろうざん》に登り、そこで嶗山風景区管理委員会主任を紹介してもらい、まもなく嶗山風景区の街路灯プロジェクトを受注。それを他のゼネコンに譲渡し、マージンとして四三九万元の利益を得た。

こんなふうに杜世成のコネを最大限に利用して李薇は蓄財していった。

シノペック総経理の収賄窓口に

李薇はほぼ同時にもう一つのターゲットを籠絡していた。当時・中国石油化工集団公司

（シノペック）副総経理の陳同海である。

彼はなかなかのハンサムであるだけでなく、いわゆる太子党、つまり父親が革命戦争に参加した由緒ある血統の家だった。彼の父親は陳偉達。「一二・九運動」（一九三五年一二月九日におきた抗日愛国運動）の上海の学生指導者の一人で、共産党の秘密工作員として成果をあげたあとは党の幹部となった。新中国成立後は浙江省や天津市の書記や中央政法委副書記などを歴任している。人脈の国・中国において、この太子党のメンバーであることは、政界においてもビジネス界においても何にも勝る武器である。陳同海は石油業界で順調に出世し、二〇〇三年には総経理に昇進した。

李薇は青島の別荘の一棟には雲南の家族を呼び寄せて住まわせたが、もう一棟は約束どおり杜世成との「愛の巣」にした。杜世成は「ぜんそく」を理由に公務を休み、この別荘で李薇との愛欲の時間におぼれることもたびたびあったという。

同時に太子党や「共産党貴族」たちのサロンとしても使われた。李薇が北京で知り合った高級官僚たちがよく遊びに来た。常連客の一人が陳同海だった。陳同海はここで杜世成と商談し、青島市との合同プロジェクトをいくつも決めた。たとえば青島大煉油プロジェクト。総投資一二五億元の大事業だ。

また双方がインサイダー情報を流し、李薇に儲けさせてくれたりもした。たとえば泰山石油傘下の泰山不動産公司の買収。二〇〇三年、泰山石油がシノペック傘下に吸収され、その子会社の泰山不動産もシノペックのものとなった。一方、泰山不動産は所有している土地にオフィスビルを建てたいと申請したが、青島政府はこれを拒否し、土地の返還を要求して、もめているところだった。そこで、李薇に今のうちに、この泰山不動産株を買収するように勧めた。その後、開発許可を出して、他の不動産企業に転売すれば、巨額の利益が得られるから、と。この方法で李薇は二億元の利益を得たという。

この時、すでに李薇と陳同海は男女の関係であった。陳同海は妻と別居しており、李薇は内縁の妻のような立場でかなり真剣に愛されていた。

だが李薇は杜世成の愛人でもある。同じ女性と同時に関係を持つ男性二人が、仲よく商談をしているのだから不思議である。おそらく陳同海にとっては、愛する女であると同時に、ビジネスパートナーであったということだろうか。こういうことでいちいち焼きもちを焼いていては、権力や富を拡大できないということか。杜世成は若い愛人が幾人もいる身なので、李薇の「浮気」に文句を言う筋合いはなかった。むしろ、李薇を通じて陳同海との絆が深まることを歓迎しているふうだった。李薇は「中国石油化工」の名義を使い、陳同海の代理人として青島や北京だけでなく、ビジネス界で活動。主に陳同海への賄賂の窓口となった。

たとえば李薇は二〇〇四年妹と共同名義で北京に広告代理店を作り、シノペックの広告代理業を独占した。〇四年には北京首創石油投資有限公司という会社を資本金一〇億元で設立し、北京など七都市でのガソリンスタンド建設の権利を独占した。

いちいちあげるときりがないが、劉志華のコネで得た首創の名義、杜世成との関係で得た青島の開発利権、そして陳同海の石油利権、この三つから錬金術のように金を生み出し、中国共産党高官たちも一目おく女性企業家としての存在感を発揮していくのだった。

司法の番人も陥落していた？

四十歳を超えてもなお女としての輝きを失わない美魔女・李薇の影響力は司法界にも浸透していた。

二〇〇六年、かなりの資産を蓄えた李薇は、これらの金をロンダリングして安全な投資ルートを確保していかなければならないと知恵を絞っていた。そこで思いついたのが、広州の天河北路と体育西路の交わる箇所にある二棟の爛尾楼（建築途中で放置されたお化けマンション）「中誠広場」の買収だった。これはタイの華僑・鐘華が設立した香港企業「中誠集団」傘下の広州鵬城不動産と広州城建集団が手掛ける最初の開発プロジェクトだった。一九九三年に着工し、四分の一の工程が進んだ段階で早くも分譲された。このとき一平方メートル三万元という天井価格がつき九〇戸前後が瞬く間に売れた。だが突然工事が資金難のために中止される。ちょうどアジア金融危機が始まったころだった。

すでに金を払いマンションを買った顧客、建設労働者への賃金未払い、未返還の銀行ローンなどの債務問題が広東省中級人民法院にどっと押し寄せた。債権者は一五八人、債務総額は一五・六七億人民元、一・二四億香港ドル、三〇八〇万ドルにのぼった。

法院は当初これを競売にかけることにしたが、広東省高級人民法院執行局長・楊賢才がこれにストップをかける。そして競売にかけずに二〇〇二年、北京金貿国際投資公司と広州駿鵬不動産の二企業に、この爛尾楼の権利を異様に安い値段で譲渡する。この楊賢才に競売をストップさせたのが中国最高人民法院副院長・黄松有だった。北京と広州の二企業は広東省政治協商委員の範駿業が事実上の株主で、彼は黄松有の親友で、このコネを使った。だが、範駿業は二〇〇四年、汚職が発覚し失脚する。そこで香港佳兆業《カイサ》集団《グループ》が「金貿」を買収し、爛尾楼の権利も取得した。このとき、李薇が動くのだった。

中誠集団の鐘華の回顧によれば、鐘が李薇と初めて会ったのは北京にある李薇のマンションで、彼女はネグリジェ姿で応対した。商談では、彼女は、自分は中央政界に太いパイプがあること、そしてすでに最高法院副院長の黄松有とも話がついていることをほのめかしたという。そして、八〇億元の資金を洗浄してくれれば、中誠広場をどこよりも高い値段で買う、と持ちかけた。このとき、鐘華は資金洗浄はあまりに危険だ、と言って断ったという。

だが李薇はこののち、中石化傘下の石油企業の名義で二棟のうち「金貿」(香港佳兆業)が所有しているA棟を一三億元で購入する。このうち九・二四億元が購入費として、四億元が修繕費として支払われた。二〇〇六年にこのマンションは「中石化ビル」として再生した。

後の二〇〇八年一〇月、黄松有は汚職容疑で「双規」を受け、起訴され、一〇年一月に無期懲役判決を受けるのだが、その時の起訴状によれば、最高人民法院副院長の地位と職権を利用し、広東の弁護士・陳卓倫ら五人と共謀して中誠広場の転売をめぐって、三九〇万元余の利益を得ていたという。この起訴状に李薇の名は出てこないが、この爛尾楼転売汚職の渦中に彼女の影が確かにあり、彼女の目的はおそらくは、香港企業を通じたマネーロンダリングだったとみられている。

脱税逮捕から始まった高官失脚ドミノ

圧倒的なスピードで富と権力への影響を拡大する李薇もついに命運尽きるときがきた。二〇〇六年一〇月、李薇は脱税容疑で逮捕される。このとき陳同海が裏で手を回すも救えなかった。そして一二月一八日以降、彼女は消息を絶ってしまう。おそらくは警察から中央規律検査委員会の手に渡ったのだと思われる。

彼女の失踪で焦ったのは杜世成と陳同海である。中央規律検査委が李薇に関して動いたということは、自分たちの立場も危ういということだからだ。二人は持てるコネを使って彼女の行方を捜した。

二人の不安は的中した。同年一二月二三日、杜世成が「双規」となる。その半年後の二〇〇七年六月二一日、陳同海が「双規」となった。杜世成は職位職権を利用した不正利益六二六万元ほか巨額の収賄で無期懲役の判決を受けた。陳同海は職位職権を利用し、土地転売などで一億九五七三万元の不正利益を得た収賄行為などで執行猶予付き死刑の判決を受けた。

李薇は口の堅い女だったという。だが、彼女の自宅からきわめて詳細に書かれた日記が押収された。彼女は毎日欠かさず日記を書く習慣があったのだ。そこには、びっくりするような大物政治家との赤裸々な関係も含めて、蓄財手法が事細かに記されていた。この日記をもとに中央規律検査委が動き、やがて第一七回党大会を前に、ドミノ式に高官・政治家が失脚していくのだった。

李薇日記が暴くスカートの下の高官たち

李薇日記に挙がっていた党中央の高官は、金人慶、許永躍、李肇星、兪正声、杜青林、周永康、薄熙来、王家瑞といった面々だ。あと国家開発銀行副頭取の王益の名もあった。まさに「中国共産党高官はみな兄弟」というありさまだった。

最初に倒れたドミノは金人慶だ。

二〇〇七年一〇月に北京で開催された第一七回党大会は、五年に一度の共産党の最重要政治イベントであり、胡錦濤政権二期目の人事が最大の注目点だった。

この大政治イベント前には、メディアはいろいろと人事に関する特ダネ合戦を行う。当時は温家宝首相が引退するのではないか、曾慶紅国家副主席が引退するのではないか、といった予測報道がでていた。だが胡温体制のマクロ経済コントロールの要である金人慶については、副首相候補の予測はあったが、失脚するとはだれも思っていなかった。〇七年八月三〇日に突如「個人的理由」で財政部長を引退し、そのまま政界の表舞台からフェードアウトした。

メディアはほとんど注目しなかったが、国家安全部長の許永躍も同じ日、引退した。表向きの理由は定年年齢六十五歳の通常退職。だが、後に明らかになったところでは、金人慶のコネで知りあった李薇には香港を自由に行き来する「特殊身分」を与えていたという。この場合の「特殊身分」とは情報工作員。つまり、李薇に安全部員としての「特殊任務」を依頼した、という建前で香港入境へのフリーパスを与えたのだった。これは内部で大問題となった。彼が懲罰を受けずひっそりと引退できたのは江沢民と李鵬が手を回したからだという。だが後任の国家安全部長に胡錦濤派の人間がつくことまでは阻めなかった。

二〇〇七年四月二七日に辞職した外交部長・李肇星も、李薇の「スカートの下」の仲間の一人と言われている。通常の任期をまだ一年近く残しながらの突然の辞職はいろいろ噂になったが、李薇日記にその名が出ていたことが最大の原因だと言われている。李薇日記には彼女が付き合った高官たちの性的能力の評価が記されていたということだが、その中で李肇星の評価が一番低く、「剛進去、就出来了（入ったと思ったら、すぐ出ちゃった）」と書かれていた、とか。もっとも李肇星の場合、李薇に対する職権を利用した便宜供与などなかったようで、二〇〇八年三月の全人代（全国人民代表大会。国会に相当）で全人代常務委員の公職についている。

李薇日記では兪正声との関係も暴露しているが、「政治局委」の地位が守ってくれた。兪正声が「イタシテない」という立場を貫いたのも助かった背景だろう。上海市党委書記への異動となった。そして第一八回党大会で政治局常務委員という最高指導部に返り咲いた。

杜青林は今もって謎とされている。李薇日記が中央規律検査委の手に渡ったころ、四川省党委書記にあったが、二〇〇七年には中央に返り咲き、党中央統一戦線工作部部長の要職につき、二〇一二年まで務めている。今も全国政治協商会議副主席という名誉職にいる。

政治局常務委で周永康や太子党サラブレッドの薄熙来も、この程度の女性関係ではつぶされなかった。彼らは後にもっと壮大な事件を犯すことになる。

中央規律検査委で李薇事件を担当していたのは同委副書記・何勇《かゆう》だった。胡錦濤派の何勇は李薇日記の存在をすぐ胡錦濤国家主席にも報告したそうだが、胡錦濤もその扱いには頭を抱えたという。李薇と関係のある高官は、胡錦濤派もいれば江沢民派もおり、中央委員も政治局委員もいるという状況だ。隠しとおすことも不可能なら、権力闘争に利用するのも諸刃の剣である。そこで第一七回党大会にあまり波風をたてない、上記のような穏当な処置がとられたという。王益は二〇一〇年、一一九六万元の収賄罪で執行猶予付き死刑判決を受けている。王益の事件は中国中央テレビ人気キャスターの劉芳菲との関係の方が話題になったが、李薇とは、実は李嘉廷を通じて知り合い、早くから関係をもっていたという。

人知れず釈放される

共産党中央の高官たちを軒並み虜にした李薇。その汚職による不正利益の総額も天文学的数字になるはずである。本来ならば収賄罪で起訴され、中国の判例で考えれば死刑ぐらいが妥当である。

だが、李薇は行方不明扱いのまま四年を経て、二〇一〇年暮れ、ひっそりと釈放され、まもなく中国を出国した。二〇一一年二月一三日、香港メディアが先に報じ、一四日、中国の独立系雑誌『財経』が「公共のスカートの紐」という刺激的なタイトルで李薇事件の概要を報じた。一六日に中央紙『中国青年報』がこれらを引用して報じた。ちなみに『財経』の報道に、兪正声が大激怒し、当時の『財経』編集長が慌てて上海まで飛んで詫びを入れにいったそうである。

『財経』の李薇事件の内幕暴露報道は、第一八回党大会前の権力闘争を背景に、兪正声を追い落とそうと狙ったリークであると考えられている。

ところで李薇はなぜ起訴されることもなく、釈放されたのか。一説によれば、中央規律検査委の捜査に積極的に協力したことへの見返りだったという。あるいは、李薇の関係している中央高官たちがあまりにも大物すぎて、彼女がその関係を法廷で証言しては非常にやっかいなことになる、という心配からうかつに起訴できなかったのか。

彼女が抱えている秘密は、二〇一二年秋の第一八回党大会を前にした権力闘争の渦中では、また蒸し返されて困る人も多いのだ。その筆頭は言うまでもなく中央政法委書記の周永康であり、今度こそ政治局常務委入りを果たそうと意気込んでいた薄熙来だろう。

一番考えられるのは周永康がその職権でもって、出国を条件に李薇を釈放したという説だ。闇から闇に葬るという手もあっただろうが、それができなかったのは男女関係を結んだこともある男の情けなのか。

ウィキリークスが報じた台湾スパイ説

最後に李薇の台湾スパイ説について触れておかねばならない。

この説の根拠は二〇一一年六月のウィキリークスである。

「上海の米総領事館の本国への打電によると、中国財政部長・金人慶の失脚は女性関係であり、その女性は台湾のスパイであったため。ハニートラップにかかっていたので辞職を迫られた。その女性は金人慶以外にも、四川省党委書記で前農業部長の杜青林らを含む多くの高官とも関係していた……。その女性は自分は中国軍の情報部門の仕事をしていると高官らに自己紹介していたが、中国側調査当局は彼女を台湾のスパイと信じている」

女性の名前は書かれていないが、あきらかに李薇のことを指していた。

李薇が自分を「中国軍の情報部門の仕事をしている」と語っていたのは、おそらく安全部長・許永躍から香港入境のフリーパス代わりに与えられた「特殊身分」を指していると思われる。だが、李薇事件を追ってきた中国人記者、香港人ジャーナリストたちの間では李薇の台湾スパイ説を否定する声の方が多い。

ベトナム難民の身から、体一つでのし上がり、共産党中央指導部までを恐れさせ、なおかつ何の罪に問われることなく、逃げ果せた李薇。彼女が築いた資産は数十億元に上るはず。そしてそのほとんどの資産をマネーロンダリングを済ませて海外のプライベートバンクに移しているると言われている。おそらくは、新しい国で、新しい身分と名前を手に入れ、優雅に暮らしていると思われる。すでに五十歳を超えているはずだが、彼女はまだ美しいのだろうか。

第6章　元鉄道相の美しくない愛人——丁書苗

一七〇センチ以上一〇〇キロ近い巨体

中国の鉄道史に残る大惨事、七・二三高速鉄道事故を覚えているだろうか。

二〇一一年七月二三日午後八時三四分ごろ、浙江省杭州駅発福建省福州駅行の高速鉄道が温州の高架上で、落雷により停車しているところに、後方からきた北京南駅発福州駅行の高速鉄道が追突する大事故があった。

追突した列車は先頭四両が高架から落下、追突された列車の後ろ二両も脱線。追突された列車車両がソーセージのように高架からぶら下がり、それを救出者の捜索がまだ終わっていない段階で、重機で乱暴に切断して高架から落としたり、事故原因がまだわかっていない段階で事故車両を解体して地面を掘って埋めたり、救助打ち切りの宣言後の二四日午後五時四〇分ごろになって、解体しようとした車両から二歳半の幼女が救出されたりと、およそ普通の鉄道事故では考えられない当局の異常な対応が、現場に駆け付けた国内外記者が発信する『微博（マイクロブログ）』やツイッターというインターネットの比較的新しいSNSで、まるで実況中継のように世界に伝わった。

七月三〇日の段階で、死者四〇人を含む死傷者二〇〇人以上。

この事故は本来のダイヤでいえば、追突した方が先行列車で後続列車が先を走っていたという矛盾から、運行制御のシステムに問題があったことも判明した。また追突された列車については、事故直前に鉄道部から停車指示があったので従ったという運転士の証言があり、人為的ミスの可能性も指摘された。事故調査をすることなく、証拠となる事故を起こした車両を解体して埋めたことは、人々から「証拠隠滅」だと批判され、二六日には慌てて掘り起こした。

また、政府が犠牲者一人に賠償金五〇万元を支払うと発表すると、安いと批判が起き、九一・五万元に引き上げられた。だが、この賠償金を受け取るにあたっては事故の責任を追及しないと遺族が署名させられ、事故の報道を一切するなかれ、という厳しい報道統制もしかれた。七月三〇日付紙面は、当局からあまりに急な紙面差し替え命令が出たことにいらだち、わざと間に合わないふりをして白紙のまま新聞を出したり、差し替え命令によって取り下げた幻の記事となった紙面をネットで流して抵抗する編集者もあらわれた。

この事故がかくも、さまざまな社会的影響を引き起こし、批判の対象になった背景には、高速鉄道建設にまつわるものすごい汚職が明るみになり、その汚職の結果として高速鉄道が手抜き工事された可能性がその年の二月に報じられたばかりだったから、という事実があった。

二〇一一年二月一八日付の『ニューヨーク・タイムズ』が劉志軍鉄道部長に近い筋からの話として報じたところによれば、「高速鉄道網に使われているコンクリートは要求される耐性がなく、時速三五〇キロのスピードで運行されつづけていれば、二、三年以上はもたない」「コンクリート枕木はフライアッシュセメントを用いなければならないはずだが、その建設スピードは、大量の石炭を燃焼させて作るこの種のセメントの供給スピードを大きく超えている」「コストをみても、中国の高速鉄道の一マイル（一・六キロ）あたりのコストは一五〇〇万ドルで、欧米では四〇〇〇万ドルから八〇〇〇万ドルが普通」。元エンジニアは、「高速鉄道は（危険なので）自分も利用しないし、家族にも利用させないと話している」と言っている……。

国家の威信をかけたプロジェクト・高速鉄道建設を汚職の温床として、いつ事故がおきるかわからない危険なシロモノにしてしまったその責任は、二〇〇三年から鉄道部長の座にあった劉志軍が背負うことになった。一一年二月に鉄道部長を解任され、その年末には七・二三事故の責任を認定され、翌年五月に党籍を剝奪された。二〇一三年七月八日、北京市第二中級人民法院は劉志軍に対し、六四六〇万元相当の収賄罪、職権乱用などで執行猶予付き死刑判決を言い渡した。

この劉志軍汚職事件と七・二三事故の影響で、二〇一三年三月の全国人民代表大会（全人代）で、鉄道部が解体され、行政機能は交通運輸部に移管し、鉄道運営は新たに設立した国有企業・中国鉄路総公司が担うことになった。これで鉄道利権が消えたわけではなく、中国鉄路総公司に汚職の温床が移っただけではないか、という批判もあるのだが、李克強首相が二〇〇八年、副首相時代に解体を試みて失敗した経緯を振り返れば、ようやく長年の鉄道利権の病巣にメスを入れることができたという感慨はあろう。

ところで、この劉志軍はものすごい汚職をしでかしただけでなく、一八人の情人を抱える精力絶倫男であることも暴露され、世間を驚愕させた。その劉志軍の古参情婦であり、汚職の片棒をかつぐパートナーだったのが、山西省出身の女性企業家・丁書苗《ていしょびょう》である。

ネット上で出回っている彼女の写真は、これまで紹介してきた悪女たちとは違い、けっして美しくはない。一七〇センチをこえる長身に一〇〇キロ近い体重、肉体労働を経験したがっちりとした広い肩幅で、日焼けし脂ぎった、猛々しいとさえ感じる大きな顔には、女らしさや色気といったものは皆無に見える。この美しくない悪女がどうやって劉志軍という「鉄道部皇帝」に取り入り、寵愛を受け、巨額の富を自分のものにしてきたのだろう。

卵売りから石炭運送へ

二〇〇八年だったか、丁書苗がシュレーダー元ドイツ首相とツーショットでメディアに登場したのを見たことがある。シュレーダーが一万ドルの寄付を丁書苗の運営する慈善団体を通じて行ったときの記事だ。

このとき、彼女はドイツ人男性のシュレーダーに優るとも劣らない立派な体格に、ゴージャスなグリーンのシルクのドレスを纏い、宝石で飾り立て、長い髪をカールして肩にたらしていた。この頃、彼女は『フォーブス』誌の番付に載るような富豪の一人であり、著名な慈善家であり、身に纏うものはほとんど欧米の有名ブランドだったが、それでもなお、彼女の容姿が与える印象は、山西の炭鉱の村の農婦のままだった。

丁書苗、本名は丁羽心という。

一九五五年、山西省晋城市沁水県の辺鄙な山間にある古堆村という寒村に生まれた。生まれて数カ月で母を亡くし、兄と二人、食うや食わずの貧困の中で父親の手一つで育てられる。その父親も七〇年ごろに亡くなる。丁書苗は人の紹介で十代の若さで三〇キロあまり離れた農村の侯家の三男に嫁いだ。夫は兵役から帰ってきて地元の役場勤めになった。丁の仕事は、農家の嫁として畑を耕し、姑の世話をするのがもっぱらだった。丁は一度も学校に行ったことがなかった。読み書きもほとんどできない。だが、家族からみるに、物覚えがよく、なかなか頭のよい嫁だった。話がうまく、人とすぐ仲良くなる。しかも結構な度胸がある。「家にいるだけではもったいない。商売をやってみないか」と勧められ、「卵売り」を始める。

卵売りとは、村の家々から、飼っている鶏の卵を安く買い取り、それを晋城市の都市部のレストランなどに高く売るという単純な商売である。だが七〇年代当時、村から九〇キロ離れた晋城への道は舗装もされていないガタガタ道で、片道だけで一日かかった。彼女は卵だけでなく、山に入って自分でサソリなどを捕まえては、晋城市の漢方薬店に売ったりもした。農作物や家で作った乾物を背中いっぱいに背負っていく日もあった。頑丈な体をしており、小さい頃から苦労していたので肉体労働には耐性があった。

八〇年代にはいると、この卵やサソリを売ったお金は一・五万元に貯まっていた。多くの人のコネを使って、銀行からさらに一・五万元を借り三万元を都合した。それで東風汽車が売り出している軽トラックを買って、流行りはじめていた貨物運送業を始めようと考えたのだ。だが、軽トラックを買ってもらおうとその金を知人に預けたところ、使い込まれてしまった。彼女が金を返せとしつこくせまった結果、ぼろぼろのトラクターを差し押さえることができた。

この事件をきっかけに、丁書苗は故郷の村を出て晋城市に移り、小さな食堂を開くことにする。地元村役場に勤めていた夫も仕事をやめてついてきた。食堂はあまり流行らなかった。何度か場所を変えたが、今一つ規模も拡大しない。彼女はもう一度、トラックを買い、石炭販売業界への進出を狙う。

改革開放が始まった八〇年代初期のこのころ、山西省の郷鎮で小規模炭鉱がどんどん開かれ、石炭の流通量が急増していた。なかでも一九八六年の晋城鉱務局が開く炭鉱の生産量は多く、周辺地域への運搬需要が増えていた。このころ道路はまだ発達しておらず、石炭運搬といえば鉄道に頼っていた時代だ。丁書苗は、よく線路脇に零れ落ちている石炭を拾い集めに行ったが、そのうち鉄道駅まで石炭を運ぶトラックがかなりよい輸送料を得て、その数は足りていないことを知ったのだ。

丁書苗は、鉄道ルートと時刻表をみながら、炭鉱からトラックで石炭を運んだ。実際は、あまり儲けにはならなかったが、丁の仕事ぶりは熱心で、鉄道部門の役人らからは気に入られた。これが次の石炭貨物列車輸送の仕事につながる。

ある程度の金を貯めてから丁書苗は八〇年代末に貨物輸送用車両四〇両を買い取った。これを一両分いくらで分配する。一台の動力車が率いる貨物輸送用車両というのは、数が限られているので、経済が急速に発展し、しかも道路がまだ未発達でトラック輸送に限界がある時代には、取り合いの競争であり、これの分配権は大きな利権であった。石炭輸送稼業の丁書苗にとって、この貨物車両利権に加わったことは他の同業者に比べて大きなアドバンテージとなった。九〇年代、輸送用貨物車両の使用料は一両八〇〇〇元から一万元に高騰していた。もし、四〇両の車両を持っていて、それを貨物で一杯にすることができたら三二万～四〇万元の収入である。

鉄道部は、貨物輸送に関して、運送料以外にさまざま利権を独占している。レール使用料、検査修繕費、貨物車両使用料……。この中で一番儲かるのが貨物車両使用料で、鉄道局職員が自分の貨物車両をキープして小遣い稼ぎをしていることは多かった。

そのうち、鉄道局幹部らとコネをもつようになってくる。これまでの悪女のように肉体を武器にしたわけではない。彼女は素朴な農村の女らしく鉄道局の幹部の部屋の掃除をしたり、机を拭いたり、彼らの汚れた下着を洗濯したり、そういう気配りとサービスを熱心にやったのだ。彼女のことを気に入った鉄道局幹部らは、そのうち「丁書苗の貨物車両が通るときは、全部線路を青信号にしてやれ」と命令するようになる。彼女の貨物は特別早く目的地に着くと評判になった。

このころに、後の鉄道部長・劉志軍と知り合ったといわれる。出会いについてはいくつか説があって、ひとつは劉志軍が河南省鄭州鉄道局副局長時代の一九九一年秋から九二年にかけてのころ、石炭輸送先の河南省へのルートを管轄する鄭州鉄道局側と連絡を取り合う中で知り合った。もう一つの説は一九九八年ごろ、北京鉄道局臨汾《りんふん》分局の羅金保副局長と、やはり貨物のことで連絡を取り合う中、鉄道部副部長の劉志軍を紹介された、という。羅金保は二〇一〇年一〇月、中国鉄道鉄龍集装箱物流股份有限公司（株式会社）会長在任中に「双規」となったが、それまでは鉄道部内の出世株で、北京鉄路局党委書記やウルムチ鉄路局長などを歴任した。

丁書苗は劉志軍と出会い、稀代の悪女に転身していく。

高速鉄道利権に食い込む

丁書苗は、劉志軍と出会ったことで、中央の大都市・北京進出を決意する。二〇〇〇年代に入ると、道路交通網の発達により、石炭の鉄道輸送だけでは以前ほどもうからなくなってきたという時代背景もあった。

まず、二〇〇三年に石炭火力発電会社である中企煤電工業有限公司を設立した。この企業は年四〇〇〇万トン、つまり五〇〇〇貨物車両分以上の石炭を消費する。さらに、二〇〇六年に北京博宥投資有限公司を設立。この北京博宥投資は、最初は中企煤電の子会社として資本金三〇〇〇万元で設立されたが、翌年は博宥投資管理集団有限公司（博宥集団）に改名し一・二億元に増資、北京で最も賃貸料が高い解放軍系の新保利大厦にオフィスを構えた。この企業では、テレビ・映画、広告メディア、鉄道建設などのあらゆる分野への投資を行った。またこの頃から慈善事業にも取り組み、事業家・慈善家としてのイメージで売り出してゆく。

丁書苗がもっとも荒稼ぎをしたのは高速鉄道投資だった。

高速鉄道は二〇〇七年から中国で導入された中国版新幹線だ。鄧小平が一九七八年の訪日のときに新幹線に初めて乗り、その速さを「まるで風に乗っているようだ」と語って感激したエピソードは有名だが、以来中国にとって高速鉄道敷設は国家の夢の大プロジェクトだった。この技術開発を中国独自で行うことは当時、不可能であったので、どこの国の技術を使うかが慎重に議論され、紆余曲折の末、フランス、ドイツ、カナダ、日本の四カ国の技術を導入。そこに中国が「技術改良」を加え、「国産技術」としたのが今の中国高速鉄道技術だ。予算規模は三〇〇〇億ドルと世界最大級のプロジェクトで、二〇一二年一二月の段階で、世界一長い九三〇〇キロの高速鉄道網を完成させた。最高時速三五〇キロと世界最速の営業速度を誇る。

この国家大プロジェクトを指揮した当時の鉄道部長こそ劉志軍であり、丁書苗の長年の愛人であり、利益供与者である。

本格的なチャンスは二〇〇五年から到来した。河北省石家庄市と山西省太原市を結ぶ路線建設に博宥集団も参入。二〇〇六年九月には博宥集団は、負債を抱えた企業を買収し、山西省に金漢徳環保設備有限公司を設立。高速鉄道防音壁技術の設計・製造の受注に動いた。この会社は二〇〇七年にドイツ企業と契約して高速鉄道の防音壁技術を導入し、二〇〇八年に北京―天津間の高速鉄道の防音壁プロジェクトを受注した。この時、この防音壁を購入し設置する中国鉄道電気化局集団との契約書によれば、防音壁の値段は八・三六億元という。二〇〇九年には武漢―広州間、二〇一〇年には鄭州―西安間が開通し、広東―深圳―香港間の高速鉄道建設が始まったが、金漢徳はこのすべてを受注した。二〇一〇年九月、博宥集団は金漢徳の株三五％を中国鉄道電気化局集団に譲渡し、会社名は中鉄泰可特環保工程有限公司に変わる。

だが、このころからこの企業の技術力に対し、疑問を呈する声がネットで流れはじめた。

北京―上海間の高速鉄道の防音壁は六つの区間、一七個のプロジェクト、あわせて五〇億元規模の大口競争入札だったが、このとき中鉄泰可特は受注企業に含まれていなかった。しかし、防音壁プロジェクトは高速鉄道事業のほんの一部にすぎない。高速鉄道の動力車輪の生産は智奇鉄路設備有限公司が独占したが、この企業は博宥集団と山西石炭輸出入集団とイタリアのルッチーニが共同設立した資本金一・五億元の企業だ。この企業の動力車輪部門の受注額は二〇億元規模とも伝えられている。この動力車輪製造は、高速鉄道の安全の根幹にかかわる問題をはらんでいる。

北京―上海高速鉄道が開通一カ月もたたないころから、しばしば運行不能になるトラブルが相次いだが、その主な原因は実は車軸が熱くなりすぎて動力車の安全装置が働いて列車をストップさせたり、車軸に亀裂が見つかったりしたことだった。明らかに博宥集団系企業の製造するものは品質や技術力が低かった。だが、この安全性に関わる情報を鉄道部は隠ぺいし続けていた。

高速鉄道事業に参入してから博宥集団の資産は四・七五億元から四五億元に増え、うち二六・五億元が由来不明の資金だった。鉄道の安全を犠牲にした金が博宥集団に流れたのである。これら高速鉄道事業で博宥集団傘下の企業がつぎつぎ受注できたのは、技術力が高かったわけでも、値段がリーズナブルだったわけでもない。鉄道部長（当時）の劉志軍と丁書苗の個人的関係があったからである。

劉志軍が汚職で起訴されてから明らかになったところでは、丁書苗は劉志軍との人脈から少なくとも三九・七六億元の不正利益を受け取っていた。また劉志軍が不正に取得した三七四のマンション（八億元以上）は、じつはほとんどが丁書苗とその親戚名義のものでもあった。劉志軍が受け取った賄賂は総額六四六〇・五四万元だが、うち丁書苗から劉志軍へのキックバックが四九〇〇万元という。

では、二人の関係はなぜここまで親密になったのだろうか。

劉志軍紅楼夢

二人が男女関係にあったかどうかは、はっきりとした証言がない。

二人が出会ったのが二〇〇〇年前後とすると、丁書苗はすでに四十五歳前後。いくら劉志軍が女好きであったとしても、果たして夫もいて子供もいる農村出身の大女に食指が動くのだろうか、とこの男女関係説を疑う声もある。

だが、彼女の娘・侯軍霞も関連汚職で起訴され、たびたびメディアに登場するが、なかなか美人であり、やはり丁書苗も美しい時代があったのではないかと想像する。劉志軍は一九五三年生まれで湖北省の農村出身。学歴も中学卒業。鉄道建設工事の現場から駅員、駅長と現場からたたき上げられて出世した。同じ農民の身分から富と権力にまい進してきた「チャイナドリーム」の実践者という似た境遇の者同士であったことが二人の絆を深くした、とも言われている。肉体関係の有無は措いても、夫婦に似た強い情愛の絆があったとも言われている。

また丁書苗は自分の肉体を使わなくとも、愛人を供給し続けることで劉志軍の下半身を支配することができた。二けたにのぼる劉志軍の愛人たちのうち少なくとも三人は丁書苗が紹介した女優だという。それがどうやらテレビドラマ「紅楼夢」に出演した女優たちだという噂が流れた。

曹雪芹《そうせっきん》の古典小説『紅楼夢』は、貴公子・賈宝玉《かほうぎょく》をめぐる女性たちの愛の駆け引きと家の栄枯盛衰の物語である。

この『紅楼夢』のテレビドラマが二〇一〇年前後に全国で放送され大ヒットを飛ばしたのだが、このドラマは博宥集団がなければ成功しなかったと言われている。

実は二〇〇八年五月から撮影に入ったこのドラマは製作途中、資金不足で頓挫しそうになったのだ。そこに救世主として現れたのが丁書苗率いる博宥集団だった。博宥集団は、「紅楼夢」ドラマのゲーム開発やノベライズ、衣装デザインなどの様々な権利を五〇〇〇万元という破格の値段で買いあげ、ドラマ製作を継続させた。この時、丁書苗は「『紅楼夢』は中国人の誇りよ。あなた方が大きな問題（資金不足）につぶされそうになっているのを見過ごせるものですか！」と言って、総合プロデューサーの李小婉を感激させた、とか。

だが丁書苗の本当の目的はそんなきれいごとではなく、「紅夢楼」ドラマ出演の新人女優たちだったという。彼女たちに劉志軍の夜の相手をさせようと考えていた。実際のところ、李小婉が断固これに抵抗したという話もあり、女優達が劉志軍に捧げられたかは確認が取れていない。だが、業界の潜規則（暗黙のルール）から、彼女たちの肉体が丁書苗に利用されただろうという憶測がネット上に飛び交い、名作ドラマ「紅楼夢」の汚点となった。この件から、劉志軍と愛人たちとの戯れの日々と失脚の物語は「劉志軍紅楼夢」と呼ばれて、からかわれるようになった。

丁書苗はまた、二〇〇八年に北京に「英才会所」という高級官僚や国際人士が集う特権階級用サロンを創設し、劉志軍の人脈づくりにも貢献した。

このサロンには、フランス、ハンガリー、コスタリカ、ロシア、インドネシア、ベトナム、オーストラリア、モンゴルなどの多くの国の元官僚などが顧問となりコンサルティングなども行っていたという。同年、北京のCBD（中央商務区）に五つ星ホテルを開き、四〇〇人以上の中央・地方官僚らを一堂に招いて接待した。これも、劉志軍の人脈づくりのためだったという。またこのホテルで、劉志軍は、愛人たちを数人一緒に呼んで乱交パーティを行うこともあったらしい。そんな愛人の中にはロシア人あり、看護師あり、鉄道乗務員ありと実に多彩であったとも。丁書苗自身は、愛人調達はやっていないと否定している。

慈善家として

二〇一〇年には博宥集団は、香港の恒基不動産の超豪華マンション三部屋を三・五億元で購入した。丁書苗の蓄財は絶好調だった。

一方で慈善家としての活動も有名になっていく。

二〇〇八年五月一二日の四川大地震で、一・一四億元をぽんと出したことは大きく報道されたし、〇九年、故郷の晋城市の貧困脱出プロジェクトに一〇〇〇万元を寄付した。中西部の貧困地域の母親のための健康向上計画には一・五億元を出している。二〇一〇年に発表された『フォーブス』誌の中国慈善家番付（二〇〇九年度）では六位にランキングされた。彼女は山西省政治協商委員、中国扶貧開発協会副会長、北京市女性記者協会常務理事といった数々の名誉職も得て、貧困農村から立身出世し、才覚と努力によってビジネスを成功させ、そこで得た富を貧困農村に還元する、絵に描いたような素晴らしい事業家として、メディアに登場した。

二〇一〇年までは。

二〇一一年二月、鉄道業界に君臨していた劉志軍、丁書苗は前後して取り調べを受けた。先に起訴され、判決を受けたのは劉志軍だが、その起訴状で、二〇回以上、丁書苗（丁羽心）の名前が言及されている。また劉志軍の汚職を取り調べる過程で九人以上の鉄道部幹部が連座し、失脚した。

解放軍の兵士輸送を担い鉄道兵部隊を管轄するなど、準軍事部門扱いであった鉄道部は司法も簡単に足を踏み入れられないアンタッチャブルな鉄道王国利権を築いていた。そのトップの劉志軍が失脚し、汚職が暴かれた背景には権力闘争があると言われている。劉志軍は瀋陽鉄道局長を務めていた一九九四年、当時の鉄道部長・韓杼濱《かんじよひん》に抜擢され、中央に進出した。韓杼濱は江沢民が上海市党委書記時代の上海鉄道局長で、上海閥の重鎮である。

劉志軍も忠実な上海閥の一員として、江沢民に対しては恭順の意を示していた。劉志軍が〇三年に鉄道部長に就任したのは、その年、国家主席を引退する江沢民の直接指名人事であると言われている。〇六年に劉志軍の弟で武漢鉄道局副局長の劉志祥が汚職で執行猶予付き死刑判決を受けるも、この時連座しなかったのは、まだ強い政治力をもっていた江沢民の庇護のおかげである。劉志軍から鉄道部利権の少なからぬ部分が江沢民ファミリーにも流れていたと言われている。

胡錦濤政権は長らく劉志軍の汚職を暴き、鉄道部利権を解体することを狙っていたが、江沢民の影響力が強い間は、なかなかそれができず、二〇一二年五月にやっとのことで党籍を剝奪し、完全失脚させることができた。

それでも死刑にはできず、執行猶予付き死刑となったのは明らかに「政治的判決」だからだ。中国の過去の判例を参考にすれば、これだけの規模の汚職、しかも国家の威信をかけた大プロジェクト・高速鉄道の安全性に関わる汚職の主犯であれば死刑は当然だった。このとき、一命を取り留めた劉志軍は涙ながらに党への感謝と一生の恭順を表明したとか。

丁書苗は贈賄容疑、違法経営で起訴され二〇一三年九月二四日、北京市第二中級人民法院で公判が行われた。

起訴状によれば、鉄道プロジェクトの競争入札などで二〇億元の違法な仲介料を取り、劉志軍ら鉄道官僚や国務院扶貧開発指導グループ弁公室外資プロジェクト管理センター主任だった範増玉らに対し計八九〇〇万元の贈賄を行ったという。被告席の彼女にかつての女慈善家の堂々たる風貌はなく、大きな体を安っぽいピンクのセーターでつつみ、長く傷んだ白髪まじりの髪を背中にたらしたままの格好だった。顔は化粧っけがなく浅黒い額の上のアートメークの眉毛だけが妙にくっきりとして、ハの字に下がりなんとも物悲しげな表情だった。

起訴状が読み上げられているとき、彼女は震えだし、そのまま崩れ落ちそうになった。高血圧と心臓病を患い、二度、脳内出血で倒れた経験がある、という。判決はまだ出ていない。劉志軍の弁護士たちは公判で、劉志軍を弁護するために丁書苗の悪事を強調していた。彼女は劉志軍の罪の分まで負うことになるのだろうか。

山西省の貧困村の卵売りから、体と才覚だけでのし上がってきた。まともな教育を受けていないにも拘わらず抜群のビジネスセンスを備えていた。もし劉志軍と出会わなかったら、あるいは彼女が男であったならば、その才能を普通に使って自分の家族を幸せにし、充実した人生を送ることができたのではないだろうか。

彼女が最後に故郷の晋城市沁水県の村に帰ったのは、二〇一〇年一一月という。

二〇〇〇年に北京に行ってからほとんど足を向けることのなかった故郷に戻ったのは、置き去りにしていた夫ががんで亡くなったからだ。葬式は彼女が出した。村人が驚愕するほど豪華で盛大な式であったという。そして、彼女はまたあわただしく北京に行ってしまい、夫の兄弟たちは「もう、彼女と私たちは別世界の人間になってしまったのだ」と痛感したという。それから間もなく、劉志軍の名前と一緒に彼女の名前が鉄道汚職の主犯として報道された。親戚たちは彼女が北京で何をやっていたのかをその時初めて知ったという。

丁書苗の人生は、何も持たざる農村の女がただがむしゃらに、使えるものを使い、利用できるものを利用して生きてきた結果にすぎないのではないか。使いきれないほどの富をほんの少しだが、大震災被災地や貧困農村に寄付もしてきた。その善行に掛け値はなかったはずだ。ならば彼女は悪女だったのだろうか。慈善家の悪女という言い方はあるのだろうか。

彼女が悪女なら、おそらく貧しい中からのし上がってきた中国女性はすべて、程度の差こそあれ悪女である。善良なままでは成功も富も手に入らない。それが中国という世界なのだろう。せめて彼女が死刑にならないようにと、私は心の中で祈った。

第7章　中国赤十字の信用を失墜させた九〇后美少女——郭美美

「赤十字が私の髪の毛一本だって傷つけたらね、すぐに赤十字の汚職の内幕をネットでさらしてやるわ！　証拠は全部、米国（の知り合いのところ）にあるのよ！　度胸があるならやってみなさいよ！」

二〇一三年四月二六日、インターネットの『微博』上で、天下の中国赤十字社（中国紅十字会）にこんなタンカを切って恫喝したのは、二十二歳の小娘とも言える年頃のネットアイドル（？）郭美美だった。

同年四月二〇日に発生した四川蘆山《ろざん》地震で、中国赤十字にはほとんど寄付が集まらなかった。一般のボランティア組織が寄付集めをするためには「われわれは赤十字と無関係です」といった看板まで用意せねばならない状況だった。

赤十字の信用を堕とした最大の原因は、二〇一一年に起きた「郭美美事件」と呼ばれる汚職疑惑だ。

四月二三日、この状況を憂えた赤十字社社会監督委員会（社監委）のスポークスマン・王永は「郭美美事件を再調査して大衆にきちんと説明しないことには、赤十字の名誉回復は難しい」と発言し、五月中旬から再調査を行いたいという意向を示した。おそらくこの発言をうけて、郭美美は冒頭の強気の発言を発した。翌日二七日、王永は「いや、まだ正式に調査するとは決めていない。六月下旬までに、社監委で話し合って決定する」と急に弱腰になり、結局六月を過ぎても郭美美事件が再調査されることはなかった。

一〇〇年余の歴史ある中国赤十字をここまで脅すことのできる九〇后（ジュウリンホウ、一九九〇年代生まれの若者の通称）悪女・郭美美とは何者なのか。

赤十字商会総経理を名乗りセレブ生活を自慢

「郭美美事件」から説明しなければならない。

郭美美は本名を郭美玲という。

一九九一年、湖南省益陽市の生まれだ。公式には父親は彼女が生まれてまもなく離婚。母子家庭育ちで、十八歳から北京電影学院に入り、地方のカラオケコンテストやネットクリップ・ビデオ、雑誌グラビアなどにちょくちょく出る、いわゆる売れないアイドルである。だが売れていないはずなのに、彼女はマセラティを運転していたり、大別荘を持っていたり、ブランドバッグを何十個も持っていたりと、私生活は、ハリウッドのセレブリティのようで、しかもそれをいちいちネットのブログや『微博』などで写真つきで自慢するのである。この金はいったいどこから、というのがそもそもの事件の発端である。

二〇〇八年五月一二日に発生した四川大地震は約九万人の死者・不明者を出す大災害であっ

たが、その未曾有の大災害に直面して国民の間では助け合いや団結を叫ぶ声が増大し、新中国始まって以来の献血・義援金ブームが起きた。そして過去に例のないような巨額の義援金が中国赤十字に集中した。ところがこの義援金に、使途の不明な部分があとから続々とでてきてしまった。

赤十字の不正が疑われているところに二〇一一年六月、ネット上で「赤十字商会商業総経理」の肩書を名乗る謎の美少女、ハンドルネーム「郭美美Ｂａｂｙ」が、自分のセレブ生活を自慢するような写真を『微博』上で次々公開するのである。

「今住んでいるのは四〇〇平方メートルのおうちで、シアタールームがあるの。すごくきれいでゴージャス。ちょっと高いけどね」「家にあるエルメスのバッグはもともとお母さんのよ、すでに私が自分のものにしちゃったけど」「マセラティに傷つけちゃった。（上海の）スーパーカーレース参加に間に合えばいいけど」……といったコメントを連発。

あるいはシャネルやエルメスのバッグがぎっしり詰まっているクローゼットの写真や白のマセラティの前でポーズを決めている写真などを公開する。また、上海国際サーキットで五月に開催されたスーパーカーレースに参加した、ドイツの血統ある競走馬に乗った、エルメスのバーキンをもってファーストクラスの飛行機で移動中、といった豪遊ぶりも垣間見せている。

これがネット上で批判の集中砲火を浴びた。彼女の肩書が、「赤十字商会商業総経理」であり、赤十字関係者が寄付金を横領しているのではないか、という疑惑が持ち上がったからだ。

また、時を同じくして、赤十字が老人ホーム分譲など商業行為をしていることや四川大地震のためにアーチストから寄せられた寄付金八四七二万元（約一四億円）の使途の一部が不明になっていることなどが報道された。赤十字の信用は失墜した。

ネットユーザーたちは「中国赤十字会関係者の身分なのに、こんな贅沢を……！」「ビンタを食らったような気分だ。おれは善意で義援金を送ったのに」と怒りの声を挙げ、いわゆる「人肉捜索」（ネットユーザーたちがインターネット上で情報をつのってターゲットのプライバシーを暴くこと）を開始した。

人肉捜索の結果、彼女は本名が郭美玲という三流アイドルで、美容整形の経験があり、何らかの理由で二〇一一年三月に急に金持ちになったことが暴露された。また、かつて中国赤十字会と合弁事業を行ったことがある深圳市天略発展集団の丘振良《きゅうしんりょう》会長と関係があるのでは、という憶測が流れた。また中国赤十字会の郭長江副会長と縁戚関係にあるのでは、という噂も流れていた。郭美美が『微博』で公開した飛行機のファーストクラスに座っている自分の写真に郭副会長に非常によく似た人物（実は全くの別人）が写っていたことが、噂の根拠となった。

中国赤十字会側は六月二二日に、赤十字会に「赤十字商会」という組織はない、「商業総経理」という職位はない、「郭美美」なる人物はいない、郭副会長に娘はいない、などと声明を発表し、郭美美との関係を全面否定した。

ネット上の郭美美の書き込みは削除され、彼女の『微博』の職業欄に書き込まれた「赤十字商会商業総経理」の身分は、いとこが勝手に書いたものであり、偽りであったと謝罪した。中国赤十字は同年七月一日以降、すべての商業活動を一時停止し、赤十字の監査部門である社監委に事件の真相を調査するように依頼した。

だがそれでも「郭美美」スキャンダルの熱は冷めなかった。七月三日に中紅博愛資産管理有限公司のCEO・翁濤《おうとう》が、「郭美玲（郭美美）のボーイフレンドが中紅博愛の前取締役の王軍であり、王軍は郭美美スキャンダルが発覚したあと中紅博愛の取締役を辞任した」と公表したのだ。

彼女は当初、『微博』もやめ、メディアから逃げ回っていたが、人気スターのように記者らから追いかけまわされるのに快感を覚えるようになったのか、あるいはメディアを利用して自らが積極的に発信した方が得だと思うようになったのか、自分に同情的な記事を書きそうな娯楽雑誌記者を中心に自宅に呼び入れ、取材を受けるようになった。

八月には、彼女と母親・郭登峰は第一財経チャンネルのテレビ番組「解碼《かいば》財商」に出演、著名左派経済学者の郎咸平《ろうかんぺい》のインタビューを受ける形で、赤十字の商業部門関連子会社・中紅博愛資産管理有限公司の前取締役の王軍が「パパ」であり、自分を溺愛してくれていると告白した。

このときのインタビューはいまも、ネットの動画投稿サイトで見ることができる。白いタンクトップにロングヘアを肩にたらし、愛くるしい顔で少々舌足らずな、甘えるような声で、ネット上で、自分をバッシングしている人たちは「私を誤解している」と訴えた。「私は実際のところ、とっても善良な女の子なのよ！」「ほんとの私はこんなんじゃないのよ！」

彼女はインタビューにこう答えていた。

「パパが北京に出張にきたとき、一緒にご飯食べててね、パパが創った会社が中紅博愛だって聞いたの。パパは私のこととても可愛がっていて、新しい会社にぜひ私を迎えたいって。それで私も冗談で、私がいくなら、総経理（社長）待遇よ、総経理じゃないとダメ、って冗談でいったら、じゃあ総経理の肩書をあげようって」

「子供のごっこあそびみたいなものなのよ……。私の友達はみんな『微博』でCEOだの総裁だの、冗談でそんな肩書を付けているの。私はもともと職業欄は歌手・俳優ってしていたんだけど、〝中国赤十字商会商業総経理〟に変更したの。中紅博愛って会社の名前が覚えられなくって、赤十字関係の会社だったな、って感じで」

「パパのお金は赤十字とは関係ないわ。不動産業という自分の事業で稼いだ金よ」

また、彼女はすでに公安当局から二日間、一一時間前後にわたる尋問を受けたとも言った。

「ぜんぶ、今言っていることと同じことを話したわ」

さらに、大きな目を潤ませて、

「私、本当にごめんなさいって言いたいの……虚栄心から『微博』であんなこと言ってしまって。多くの庶民は受け入れられないわよね。自分たちが苦労して仕事してもぜんぜん暮らしが良くならないのに、なんであの娘はあんないい暮らししているのかって。でも実際私はとても善良なのよ。昔の私はこんなに贅沢好きじゃなかったし……」

声は可愛く無邪気そうなのだが、よくよく聞けば、さらりと庶民を小馬鹿にするかのような言い回しで、謝罪し、自分の罪の無さをアピールし続けた。

各種メディアで母親・郭登峰が主張したところによれば、郭美美は王軍の実の娘という。

郭登峰は九〇年代に不動産転売や株式でそれなりの資産を貯め込んだ。まさに、中国経済成長の黄金時代であり、金田や万科、安達といった中国企業株数万元分が数カ月で数百万元に増えたという。

その頃、深圳で知り合った若き実業家・王軍と出会い恋愛関係になったが、周囲の反対で別れざるを得なかった。別れたあとに、妊娠していることに気づき、慌てて別の男性と結婚して郭美美を産むも、その結婚相手とは早々に離婚した。その後、王軍が成功し大金持ちになったことを知ったという。

王軍は長年、郭美美に父親らしいことをしてやれなかったと悔やみ、郭美美には欲しがる物をなんでも買い与え甘やかした。白のマセラティは王軍が買い与えたもので、赤いミニクーパーは郭美美の十八歳の誕生日に母親がプレゼントしたものだという。

ちなみに、このテレビインタビューは、郎咸平が金をもらって、郭母娘の言い分を一方的に報じたショーではないか、とネット上ではずいぶん批判を浴びていた。

郭美美はその後、自らプロダクションをつくり、モデル・歌手活動を再開。ミュージックビデオ「叮当Girl」を発表したが、大して上手くもないその歌は酷評を受けただけだった。美容整形手術を受けたことも自ら告白していた。

かつて彼女を取材した記者はこう印象を語っている。「彼女の頭は単純で、贅沢が好きで、虚栄心に満ちた女の子。きれいな物が好きでおしゃれが好きなだけ。取材には協力的で、ネットで叩かれていることを話す時は涙をこぼした」（雑誌『博客天下』記事より）。あまりおつむはよくないが、他人から注目されることが大好きな自意識過剰の九〇后の暴走娘、にも見える。

赤十字側も年末、郭美美について改めて「郭美美と中国赤十字会は何の関係もない」とオフィシャルサイトで発表し、この事件はこれで終わりになるはずだった。

世論の不満が極限に達した時に爆弾投下

だが、これで終わらなかった。二〇一二年九月、彼女はネット上に再び登場し、そのセレブ生活ぶりをひけらかし始めた。今度は、本名・郭美玲を名乗り、職業は歌手、モデルとした。ちょうどその二カ月前、赤十字の信用が揺らいでいることを深刻に受け止めた中国国務院が「赤十字業務の発展に関する意見」を出したところだった。寄付金・寄付物資の管理監督、その使途・分配に関する説明責任などを徹底するよう通達した。赤十字の腐敗構造にメスを入れるよう指示が出されている時に、昔のかさぶたをはがすように郭美美が活動を再開した。

彼女は二〇一三年二月一八日、『微博』上で最初の爆弾を投下した。中指を立てた自分の写真にこんな挑発的な言葉を書き込んだ。

「あなた方を信じたのは、私が善良すぎたからだわ。でも、私はいじめられやすいわけじゃないわよ！　私をハメて、終わらせようったってそうはいかないわよ。私はあなた方の名前を全世界にさらすことだってできるんだから。ざまあみやがれ！」

これは彼女が何者かに圧力をかけられ、罪をなすりつけられようとしていることに対し、『微博』を使って、相手の悪事を全部さらす用意がある、と果敢にも脅しをかけ返した、というふうに読める。多くの人が、赤十字側が彼女一人に腐敗問題の責任を押し付けようとしたのを、彼女がネットを使って赤十字内部のスキャンダルを暴露して抵抗する、ということだろうと想像した。

二〇一二年一二月に中国赤十字は社監委のメンバーを総入れ替えしていたので、これは「郭美美事件」を再調査するためではないか、と噂されていたところだった。彼女は「パパ」を通じて、赤十字の腐敗の内幕をかなり知っているのではないか、とネットユーザーたちは期待したのである。実際、彼女が王軍の愛人だと「デマ」を流した中紅博愛のCEO翁濤に対しては、二〇一一年一二月に、仕返しのつもりか、過去に服役経験があり、愛人が二人あることをネットで暴露した。翁濤はこれに反論せず黙ったままである。

こういう状況下で、社監委のスポークスマンの王永は「郭美美事件を再調査する」と改めて宣言したわけだ。

だが、一方で中国赤十字の王汝鵬事務局長は、微博で「郭美美事件を再調査するなど誰も言っていない」と王永発言を否定。王永は「(監督機関の)社監委は中国赤十字に隷属するものではない」と言いながらも、それを追認した。実のところ、郭美美事件再調査は社監委一六人のメンバーのうち王永を含む三人がそう言っているだけだ、という。六月一九日までに本当に再調査するかしないかを決定するという話で、赤十字内部で意見が割れているとのことだった。

結局、六月が過ぎても調査は行われるとも行われないとも発表されず、王永はスポークスマンをいつの間にかやめていた。

赤十字の腐敗体質

郭美美の言動があまりに目立ちすぎてしまうので、まるで郭美美が中国赤十字の信用を貶めた諸悪の根源のように思われがちだが、当然、赤十字の信用失墜の根本原因はその体質そのものにある。

清華大学NGO研究所の王名所長は、『環球時報』の取材に答えてこう指摘している。

「かつて赤十字から委託されて『中国赤十字組織発展評価報告』をまとめたことがあるが、二〇〇八年以前は、一般社会からの寄付は赤十字の財源の一部しか占めておらず、善意の寄付の管理についてはは大きな問題は出なかった。しかし、四川大地震によって、中国で未曾有の〝善意の寄付ブーム〟が起こり、その金が赤十字に集中した。二〇〇八年、中国赤十字が受け取った寄付は総額二一四・四億元（約三五〇〇億円）で、中国全土から集まった寄付総額の二〇・四％にのぼった。

ここに赤十字のスキャンダルが重なった。赤十字が、被災地に送った一〇〇〇張のテントの費用について一三〇〇万元（約二億一四〇〇万円）とメディアの取材で答えているが、テント一張りが一・三万元（約二一万四〇〇〇円）もするほど高いわけがない（中国のテントの平均価格は一一七四元＝約一万九〇〇〇円）という疑問の声が上がった。二〇一一年四月に、赤十字上海市盧湾区支部宛ての九八五九元（約一二万五〇〇〇円）の飲食店の領収書が微博上に流れた。一人平均消費五〇〇元以上（約六三六〇円）の高級レストランの領収書だ。ネットユーザーは、寄付はこんなふうに食べられてしまうのか、と痛烈に批判した。赤十字側は企業協会と合同の公務活動経費で、被災地への善意の寄付を使ったわけではないと言い訳したが、この種の公務活動での一人当たり平均消費は一五〇元（約一九〇〇円）が標準だ。こういったことが、社会全体の慈善公益事業に対する失望を引き起こした」

郭美美事件はいわば、世論による赤十字への不満が極限に達した時に偶然起きた、非常に世論が食いつきやすい「善意の金を食いつぶす悪女」の記号だった。だが、同時に急激に規模が拡大し始めた中国の慈善事業が直面していた重大な欠陥を白日のもとにさらす大きなきっかけともなった。

一九〇四年に発足した中国赤十字会は一九九三年に中国赤十字会法によって、民間組織と定義されたが、実のところは体制内機関であり、行政の一部として活動している。その運営方法は、外部に知らされず、赤十字に寄せられた義援金の運用はこれまで、いわばブラックボックスの中だった。少ない寄付金であれば、問題が表ざたになることはなかったが、四川大地震の時のような巨額の義援金を受けると、その管理能力は破綻する。『環球時報』の表現を借りれば、「一〇〇年の大樹が実は害虫の巣になっていた」ことがばれてしまった。

赤十字はどうなるのか。識者らは「赤十字に改革が必要だ。改革できなければ淘汰されるだけだ」という。だが、中国赤十字の腐敗にメスを入れるべき社監委メンバーの何人かは、赤十字との利益供与関係が取りざたされている。金の匂いのするところに集まるのは害虫ばかり。害虫自身が自分たちを駆除できるだろうか。いっそのこと郭美美に米国の知人に預けてあるという汚職の証拠を、このまま暴露させた方が中国赤十字のためかもしれない。

ネットを武器に

郭美美はネット上で相変わらずセレブ生活をアピールしている。二〇一三年五月には一万七〇〇〇元（約二八万円）のセルジオ・ロッシのスワロフスキー・ラインストーンがついたサンダルをこれ見よがしに履いて見せた写真をアップしている。預金残高が五一億元あるという噂がネットにひろがったとき「五億元もないわよ！」と反論して、これもネットユーザーたちを唖然とさせた。

また、中国スーパーカークラブ（ＳＣＣ）のメンバーと郭美美がネット上で、お互い金持ちぶりを自慢し合う舌戦が話題になったこともあった。

ＳＣＣとは中国の「富二代」と呼ばれる、父親の富を受け継いだ富豪の若者たちのスーパーカー愛好会で、とにかくケタの違う遊び方をしている。たとえば高級ホテルに金に糸目を付けずモデルの美女たちを大勢あつめて、三日連続のクスリ漬け乱交パーティを開くとか、モラルも法律も関係ない状況だ。

そんなＳＣＣのメンバーが、郭美美に、金をやるから乱交パーティに参加しろよ、と声をかけたのを「金ならもっているわよ！」とビシッと断ったはいいのだが、その時、『微博』に公開したのが、マカオのカジノで一枚五〇〇万香港ドルのチップを一〇枚並べた写真。これに挑発されたＳＣＣの富二代が俺の方が金持ちだとばかり三七億元とか九九億元の預金残高の通帳の写真を微博にアップしたものだから、中国の「富二代」のありえないような富の偏在ぶりと低知能ぶりが一般のネットユーザーにも知れ渡り、大バッシングを受けた。

郭美美は胸の谷間を強調したセクシー写真を次々アップしたかと思えば、今度は自分が監督・主演のネット映画を撮ると宣伝している。金があるのなら、そりゃなんだってできるだろう。

彼女のつきることのない贅沢や自己顕示欲を支える財源がはたしてどこからきているのかはネットに流れる彼女の姿を追うだけではわからない。たとえ赤十字が関係なくとも、けっしてきれいな金とは言えないだろう。だが、それを言うなら、太子党や富二代たちが抱える巨額の富もきれいな金ではないだろう。何より中国にきれいな金などあるのだろうか。

不正と腐敗が当たり前のように存在する濁流のような中国をネットを駆使して泳いで行く九〇后の無邪気な悪女が、赤十字のような権威ある組織を翻弄し、ネットユーザーから罵声を浴びせられながらも、傷ついたそぶりも見せずにその視線をつかんで離さないのだから、私はむしろ、大したもんだと賞賛の声を上げてしまうのである。

第8章　八〇后の露悪女——鳳姐

結婚相手の高すぎる要求

鳳姐《ほうしゃ》とは、一般に『紅楼夢』に登場する美女・王熙鳳のことをさす。彼女はなかなか悪女というか辣腕なのだが、今ここで紹介するのは、俗に言う「ネットアイドル」の鳳姐である。本名を羅玉鳳という。

この人を悪女とは言えない。これまで紹介してきた悪女に比べると、むしろ性格的には善女だ。特にあくどいこともしていない。ただ露悪的なのだ。有名になりたくて、自分の恥ずかしいところもさらし、人を挑発し悪ぶっている。そんな「露悪女」が登場するのは、やはりインターネットという、今までになかったバーチャルな世界を構築できるツールを誰もが使える時代になり、自分を一瞬にして何十万、何百万単位の大勢にさらすことができるようになった、ということだろう。

彼女に関する報道は、『百度百科』というネット百科辞書サイトにまとめられているので、それをもとに紹介しよう。

一九八五年、重慶市綦《き》江《こう》区趕水鎮《かんすいちん》で生まれた。七歳で両親は離婚し、母親の再婚家庭で育てられた。父親違いの弟が二人いる。家庭環境は悪くないはずだ。地元の師範学校、重慶教育学院漢語言文学部と順調に進学し、本人も趣味は読書、歌やピアノが得意で詩画、古漢籍に通じ、博覧強記のインテリであることをアピールしている。十分な教育と愛情をうけて育った印象だ。母親の話によると、学校の先生に恋をしたことがあるという。早熟な女の子だったようだ。

二〇〇八年、上海に出てきた。学歴はそこそこ高いが、「基層（底辺）」の仕事を探す。最終的に外資系スーパー・カルフールの店員に就職した。月給は一〇〇〇元ちょっとだった。

彼女は大都会上海で暮らしながら、自分が幸せになるため、成功するための道を模索する。そのやり方がなんとも力技でぶっとんでいる。素晴らしい結婚相手を見つけるために、上海の地下鉄駅で「結婚相手募集」ビラを万単位でばら撒いたこともあった。

その結婚相手募集条件が容赦ない。

「年齢は二十五—二十八歳、戸籍は東部か沿海部省。重慶とか四川とか西南部は問題外。身長一七六—一八三センチ、顔はハンサムであればあるほどよい。アンディ・ラウ（香港スター）みたいなカッコよさ、サイモン・ヤム（香港スター）みたいなセクシーさ、レオン・ウィリアムス（台湾スター）みたいな美しさ、ニコラス・ツェー（香港スター）みたいなクールさに、滴吶《てきとつ》（中国人作家）や韓寒（中国人人気ブロガー、作家）みたいな才気があればなおよし。

学歴はロンドン大学かハーバード大学、清華大学か北京大学の修士課程は絶対。経済学系。経済学を専攻していなくても、経済学に精通していることが必須。国際的視野があること。子供を産ませたことがないこと。仕事経験があってほしいけど、官僚と国有企業は嫌。でも石油、銀行系は歓迎……」

まさに言いたい放題で、こんな男がそうそういるものか、とつっこみたくなる。しかも本人は身長一四六センチで、愛嬌のある顔をしているが、決してモデルや女優のような美女とは言い難い。

だが、このいわゆる「イタイ発言」が、ネットユーザーに大うけした。「宇宙無敵のスーパー自信家」だと。そして「鳳姐」の愛称であっという間にネットアイドルの座に駆けのぼる。ネットユーザーたちの揶揄に対して、鳳姐は「あら、青春とはそういうものなのよ。私は青春を無駄遣いしている最中なの」と、自嘲して見せる余裕も、人気に拍車をかけた。

二、三年後にはオバマの愛人に!

だが、その容姿をからかわれるのを気にしていないわけでもなかった。

テレビ局は、ネットで人気が出た彼女を「お見合い番組」などに引っ張り出して、素人男性に求婚させ、さんざんからかったりした。そういうメディアの狙いを知ってか知らずか、辛辣で傲慢な「イタイ発言」で応酬する。

「九歳から本を読みまくって二十歳で知識を極めたわ。知識においては私の前の三〇〇〇年、私の後の三〇〇〇年、私を超える人は出てこない。知識では勝てないから、せいぜい背の高さや美貌で補うことね……」

テレビ司会者に、ハンサム俳優の陳坤《チェンクン》を結婚相手にどうか、と問われれば、「年取りすぎ、背も低いわ。北京大学や清華大学を出てないでしょ。まず経済学やってないんだからありえないわ！」と一刀両断で却下。またお見合い番組上、三十過ぎの求婚者に「三十過ぎは出てけ！」とか「はあ？　一〇万元もってこいよ！」と暴言もざらだ。

『微博』でフォロワーに絡まれると「言ったでしょ、私は罵られるのが嫌いなのよ。だって、私を罵るってことは、私とエッチしたいってことでしょう？」と、何を言われてもスーパーナルシズム的にしか解釈しない。

これが、タレントとしての切り返しというなら、相当頭の回転の速い女性だろう。自称、頭がいい、というだけのことはありそうだ。その発言はどこまでウケを狙っているのか、とぼけているのか、あるいは本気なのか。ときに辛辣で、ときに自虐的で、ときに傲慢。だが、やはり強いコンプレックスもあるようで、容姿については、

「私の顔って、全体に平べったいし、目もちょっと小さいし、口はちょっと大きいし、唇の形は理想的じゃないし、肌の色も黒いし……」と語る。

二〇一〇年から彼女は何回か美容整形手術をする。実際、彼女は見違えるような美女顔になってしまう。「二、三年後にはオバマ大統領の愛人になれるわ」というほどに。

だが、美しくなっても「整形したブス！」と彼女に対する罵倒や揶揄は無くならない。反感を持つ人も少なくなく、二〇一〇年五月ごろ、タレント発掘番組に参加した鳳姐に、黒服の男が突然近づいて生卵をぶつける事件もあった。この時の鳳姐の反応がいい。「この衣装、（お気に入りだから）今まで洗ったことなかったのよ！　何百元すると思ってるのよ！」

二〇一〇年六月には温州のテレビ番組のロケ中、町中で突然、ファンを名乗る雷鳴という男性が九九本のバラをもって鳳姐に求婚する事件もあった。これがヤラセなのかどうなのかは分からないが、「あなたと結婚できるなら、僕はオバマ大統領みたいな顔に整形しても、アンディ・ラウみたいに整形してもいいです」と告白。この時の鳳姐がいかにも口をまげて不満げで、「あんたなんか、眼中にはいんないわ」とばっさり切り捨てていた。

米『ピープル』誌で「もっともウザい女」と

そんな鳳姐は二〇一一年九月二七日号の米国誌『ピープル』で、「中国で最もウザがられている現実派スター」と紹介される。まさかオバマ大統領の愛人になりに行ったわけではないだろうが、ひそかに米国に移住していたのだ。

鳳姐は『微博』で二〇一〇年一二月ごろ、こんなことをもらしていた。

「私は英語もすごく勉強している。一二月四日にちょっと騙されて、挫折しているのよ……もし仕事が見つからなかったら、一人ニューヨークでどうしたらいいのか。アメリカ中文テレビ局の玄関前で自殺してやろうかしら」

鳳姐は二〇一〇年に渡米し、在ニューヨークの中文テレビ局の面接試験を受けるも失敗し、中国民主党の米東部支部の口添えで政治避難を理由に、ビザ期限前にグリーンカードをもらえるように申請しているのだと打ち明けていた。これがうまくいったのかどうかは分からないが、その翌年には『ピープル』の取材を堂々と受けている。二〇一二年二月には、ニューヨーク・コロンビア大学前で、例のやたら高い要求を書いた婚活ビラを配っている様子が写真付きで報じられていた。この渡航費については不明だが、ネット上のファンが三〇万元を彼女に提供したという話である。

また「日本のAVに出演する」と爆弾発言したこともあった。二〇一二年一月ごろの報道によれば、日本人監督からAV女優の演技の秘密特訓を受けて、すでに出演するAVのタイトルまで決まっているとのことだった。製作費一〇〇〇万円で「野獣的救贖」という中国語タイトルまで紹介されていた。二〇一二年六月初旬ごろに上映予定らしいが、その後一向に話題になっていない。

彼女のやることなすこと、露悪的すぎて常人の理解を超えている。故郷の家族ですら「実際のところ、理解不能。昔はこんな奇矯な子じゃなかったのに、いつのまにこうなったのか」とさじを投げている。

だが彼女の『新浪微博』のアカウントは、二〇一三年八月初めの段階でも二〇〇万近くのフォロワーがあり、相変わらずのぶっとびコメントでファンを喜ばせている。どうやらまだニューヨークにいるようで、修脚妹（フットケアサロンの店員）の仕事をしながら、理想の夫探しを続けているようだ。

鳳姐については、社会心理学者たちは「病的なまでのナルシスト人格」と評しているが、最近の中国のネット上では、自分を露悪的にさらしてでも有名になりたい、という若い中国人の女の子は増えているような気がする。鳳姐ほどではなくとも、自分のあられもない姿の写真をネットで公開したり、あけすけな欲望を訴えたり、人から顰蹙《ひんしゅく》を買うような発言をあえてばらまく女の子たちである。

彼女たちはいわゆる、ネット売春ではない。売るのは性でなく、何か別のもの、尊厳だとか恥だとかそういうものだ。だが、それでタレントデビューや外国行きのチャンスを得られるならいいじゃないか、と思うのだ。鳳姐は恥も外聞もなく、露悪的に自分をさらし、そのおかげで、ただのスーパーマーケット店員からテレビに出るようなタレントになれた。自分の本来の顔を変え、自分は特別の選ばれた人間であると信じつづけ、米国行きのチャンスをつかんだ。男たちはその努力を笑うことはできても、真似することは難しい。なぜなら、男というものはなかなか尊厳を捨てられない。

成功のために、ほしいもののために、そこまで自分の尊厳を捨てられるのは女の子だからではないだろうか。なぜなら、中国の女の子は、最初から尊厳なんて与えられないことの方が多いのだ。特に農村の伝統社会では生まれた瞬間に、男の子であれば、とため息をつかれ、家をつぐこともほとんどなく、一人っ子政策下においてはしばしば戸籍も与えられず、ときに捨てられたり間引かれたりする運命の下にある。

尊厳？　そんなもの捨ててやるわよ。それが金になり、成功の糸口となるなら。自分で捨てるか、人に捨てられるか、せいぜいその差。同じ捨てるなら、インターネット世界で大勢のギャラリーの前で派手に捨ててやる。そんな鳳姐の声が聞こえてきそうな気もする。

それにインターネットというバーチャルの世界で自分を捨ててみせても、広いリアル世界でしっかり生きていく覚悟があれば、幸せはつかめるのだ。

鳳姐語録の中に印象に残る言葉がある。

「あなた方に私の尊厳を踏みにじることができても、命までは踏みにじられないわよ」

鳳姐だけでなく、私はこれからもネットの上の「露悪女」たちは増えていくと思うのだ。

第9章　中国近現代史上最悪の悪女――江青

新中国を代表する二人の悪女

新中国建国後、最悪の悪女といえば、言うまでもなく毛沢東夫人・江青だろう。毛沢東に打倒劉少奇を勧め、数十万〜数百万人の死者を出したと言われる文化大革命においては、四人組の一人として主導的役割をになった。

それよりも若干知名度が低いかもしれないが、林彪夫人の葉群も相当な悪女と言えよう。体の弱い林彪にかわり事実上の執務をとり、毛沢東と林彪の間に軋轢が生じると林彪のために息子・林立果とともに毛沢東暗殺計画を立てた。もし、クーデターが成功し、林彪が国家指導者の地位についていたなら、江青よりも怖い女帝となっていたかもしれない。

この二人に比べれば、今まで紹介した悪女たちはまだまだ可愛らしい。

文化大革命という動乱の時期に登場したこの二人の悪女については、時代背景が若干違うということもあり、この本に並べて入れるかどうか迷った。特に江青については日本語の伝記や評伝、論文が山のようにあるし、今さらその生い立ちを詳しくたどる必要もないだろう。だが、彼女らの悪女ぶりこそ、中国悪女の本質であると思うので、簡単に触れておきたい。

暴力とコンプレックスと挫折にみちた幼少期から青春期

江青は一九一四年三月、山東省諸城県の貧しい手工業家庭に生まれた。最初の名前は李雲鶴、と自伝にはある。だが親が付けた名は、李進孩《しんがい》と伝えられている。李雲鶴は自分で後に改名したのだ。誕生日は明らかにしていない。人に祝われるのが嫌なのだという。腹違いの兄と姉がいた。江青自伝は、ずいぶん自分に都合よく書かれたもので、史料としての信頼性は今ひとつだが、江青のコンプレックスと嫉妬心がどういうものかは、よく表現されている。

彼女の幼少期は悲惨なものだったと自分で言っている。父親は今でいうところの大酒のみのDV（家庭内暴力）男である。彼女にも母親にも暴力を振るっていた。巷にも当たり前のように暴力があった中国の野蛮な時代である。学校に行くとき、男が血の滴る人の首をもっているのを見て、逃げた記憶を書き留めていた。この幼児期の暴力体験が、江青の性格に影響した、という説もある。

母親は諸城の親戚の地主の家の使用人として働きながら彼女を育てる。良家に嫁げるようにと纏足を施した時期もあると伝えられている。纏足とは、足の小さな女であることが美的性的に魅力があるという価値観から童女のうちに足に強く布を巻き大きくならないようにする俗習である。のちに江青はこれを自分の意志でやめたが、足の指が内側に曲がったままだったという。大人になってからは水泳するときでさえ靴下をはいていたが、その足を隠すためで、江青のひそかなコンプレックスでもあった。

一九二九年、学費免除の条件にひかれ、山東省立実験劇院に入学し、現代演劇を学ぶ。貧しい彼女は服などが同級生たちに見劣りし、それが理由でいじめられたともいう。一九三〇年、西北軍閥の山東省侵攻を機に劇院は閉鎖された。そのとき十六歳。一九三一年に済南で最初の結婚をするが、三カ月で離婚。次に青島に戻り、青島大学の図書館に職を見つける。そこで青島大学の学生指導者・兪啓威と出会い、同棲し、影響を受けて自らも共産党員となる。だが、兪啓威が国民党政府に逮捕され、わが身にも危険を感じた江青は上海に逃れるのである。ちなみに兪啓威は、現党中央政治局常務委員の兪正声の父親である。

一九三四年に江青は上海で追手の警察に逮捕される。苛烈な尋問を受け、共産党を裏切る署名をして釈放されたと言われている。自伝では党員であることは、ついにばれなかったとしているが。

その後、名を藍蘋《らんぴん》（青リンゴ）と変え、女優活動を始める。そのころの江青の写真が残っているが、大きな目と口のはっきりした大変な美人である。

一九三五年、イプセン作「人形の家」のノラ役という主演をつかみスターへの階段を登ろうとしていた。このころ彼女は、女優としての契約先の映画会社・電通影片公司を通じて、俳優であり映画監督であり著名映画評論家である唐納と知り合い熱愛関係になる。チャンスをつかむために色仕掛けした、という見方もある。

二人は一九三六年四月に結婚し、俳優仲間三カップルとともに杭州で合同結婚式も行った。だが、性格のきつい江青と唐納の新婚生活は喧嘩ばかりで、神経質な唐納は心を病んで自殺未遂を起こし、二カ月目にして破局。これは業界の大スキャンダルとなった。

しかも、そのスキャンダルが冷めないうちに、江青は妻子ある舞台演出家・章泯《しょうみん》と同棲。スキャンダルまみれの新人女優に、仕事はこなくなり、女優の道は絶たれた。彼女はひそかにライバル視し、主役の座を争って負けたこともある同時代の人気女優・王瑩《おうえい》がスターダムにのし上がっていくのを挫折感と嫉妬のまなざしで見つつ、上海映画界を去るしかなかった。この頃の嫉妬が、後の文革時代での王瑩ら映画関係者への粛清につながる。王瑩は一九七四年に獄死するが、江青が食事に毒物を入れたのではないか、という噂もある。

毛沢東との出会いと文革

ときしも一九三七年、第二次上海事変が勃発し、彼女は兪啓威とともに延安を目指す。延安でそれまでの過去を捨て、名を江青と変えた。「藍より出でて、藍より勝る」青をその名としたのだ。延安では「魯迅芸術学院」で京劇指導を行っていた。この京劇を見にやってきた四十四歳の毛沢東と運命的出会いを果たし、交際するようになる。

毛沢東はこのとき三番目の妻・賀子珍との仲が冷え切っていた。賀子珍は病気療養のためにモスクワにいたが、さすがに上海でスキャンダルまみれの江青との関係は幹部たちが反対した。ここで、江青に結婚後二〇年は党務・政治には関わらせないこと、という誓約のもと、一九三八年一一月にようやく婚姻が認められた。一九三九年に正式に結婚する。翌年には娘・李訥《りとつ》をもうけるのだった。

二〇年たった一九六〇年代に入ると、江青は政治に関わりはじめる。一九六二年九月三〇日の『人民日報』は、インドネシアのスカルノ大統領夫人の歓迎会に姿を見せた江青を毛沢東夫人として、その写真を初めて公開した。

このころ一九五八年の大躍進政策の失敗と続く大飢饉で推計二〇〇〇万人とも三〇〇〇万人とも言われる餓死者が出た責任を問われ、毛沢東は国家主席をすでに辞任。国家主席は劉少奇となっていた。主席夫人（ファーストレディ）は王光美である。劉少奇は積極的な外交を展開し、外遊先で見せる語学力に長けた美しい王光美のファーストレディぶりは、本当は江青がなりたかった姿、いや、なるべき姿だったはず。どすぐろい嫉妬の火が江青の胸にともっていた。

文革の最大の責任は毛沢東にあることは間違いないが、ここまで苛烈を極めたのは、やはり江青の個人的嫉妬と復讐心、そして野心であったと言えるだろう。

このころ毛沢東は女としての江青に一切興味を持たず、愛人三昧の日々だった。女としての寂しさを埋めるために、政治にのめり込みはじめ、それを後ろめたさから毛沢東もそれを許したとも言われているが、江青が劉少奇打倒にかくも情熱を燃やしたのは、王光美が憎かった、という説を私は取りたい。

おそらく王光美のすべてが江青のコンプレックスを刺激したことだろう。王光美は生粋の北京っ子、父親は中華民国北京政府の高級官僚で母親は天津の裕福な商家の出だ。兄弟姉妹は異母兄を合わせると王光美を含め一一人の大家族で仲良し。豊かな家庭で愛情いっぱいに育ち、ミッションスクールを出て英語はペラペラ、スポーツ万能（大学時代は卓球選手）の超お嬢様である。そして今は国家主席夫人。江青の持っていないもの、ほしかったものをすべて持っている。

二人の確執が決定的となったのは、一九六三年の東南アジア四カ国外交のときに王光美が中国外交部提供の真珠のネックレスではないルビーのネックレスをつけていたことだという。

王光美が外遊に出る前に、江青はファッションについて「胸元にブローチをつけたらダメよ。鄧穎超《とうえいちょう》（周恩来夫人）はブローチばかりつけて、野暮ったいったら、ありゃしない。アンナ・カレーニナみたいに全身黒一色にまとめて、宝石などゴテゴテ身につけなければ、どれほど高貴に映るでしょう」とアドバイスした。だが、王光美は訪問先のビルマでネ・ウィン首相からルビーのネックレスを贈られたので、謝意を表わすために、一度だけ歓迎の宴の席につけて出席した。江青はそれをテレビで見てしまうのだ。江青は王光美を何がなんでもファーストレディの座から引きずり下ろすことをこのとき、心に誓ったのだろう。

江青は上海に行き、張春橋や姚文元《ようぶんげん》らと上海グループを結成し、さらに国防部長の林彪とも連絡を密にし、宣伝と武力の両方を使って、劉少奇と党中央総書記の鄧小平を権力の座から追い落とす準備を進めた。

文革ののろしは一九六五年一一月一〇日に上がった。

この日の上海紙『文匯報』に姚文元の手による論文「新編歴史劇『海瑞罷官《かいずいひかん》』を評す」が掲載された。姚文元はこの論文で、劉少奇が絶賛した「海瑞罷官」という歴史劇が、毛沢東を批判した彭徳懐を弁護する劇であり、プロレタリア独裁と社会主義に反対する「毒草」と攻撃した。この文壇批判が端緒となり、一九六六年五月一六日、「プロレタリア階級による文化大革命」の発動が通知されるに至る。五十二歳の江青は、この文化大革命の嵐の中で、幼少期より味わってきた鬱屈と不満と恨みと嫉妬をすべて吐き出すかのような狂気を解き放つ。

江青は、まず王光美に「復讐」する。

一九六七年四月の清華大学の批判大会に引きずり出した王光美に、四年前、外遊先で江青のアドバイスを無視して身につけたとこじつけられた宝石のネックレスに模したピンポン玉のネックレスを首にかけ、侮辱した。江青は王光美が怯えて泣き叫び命乞いをするところを見たかったが、王光美は毅然と耐えた。

王光美はこの後、九月に反革命罪で逮捕され、一二月までの間に三四回、殴る蹴るといった暴行を伴う厳しい尋問（拷問）を受けた。この時の調書をもとに、江青率いる「王光美専門案件小組」は死刑判決を出す。江青は、王光美を死刑にするためにわざわざ専門調査班を作ったのである。だが毛沢東が、この死刑判決を覆し、王光美は紙一重で命を救われ、その後一二年の投獄生活に耐え抜いた。王光美もまた想像を絶するような強さを秘めた女性だった。

劉少奇を失脚させ、獄死に追い込んでも、江青の狂気はとどまるところを知らなかった。今度は、上海時代、女優として挫折した屈辱とスキャンダルの過去を消し去るために、映画関係者をつぎつぎと迫害していく。

舞台演出家・映画監督の章泯は獄死した。妻子ある彼との同棲スキャンダルで女優の仕事ができなくなった、と江青は恨んでいた。映画俳優・評論家の唐納と結婚式をしたとき、一緒に式を挙げた映画俳優カップルも、ことごとく投獄されたり獄死したり、迫害自殺に追い込まれたりした。唐納は当時フランスにいたので助かった。先にも触れたが、かつて役を争ったライバル女優の王瑩も獄死させた。

映画関係者だけでない。上海時代に江青のルームメイトだった女性も、故なき罪で七年二カ月にわたって投獄される。秦桂貞というこの女性は、江青が借りていたアパートの家主が雇っているベビーシッターだった。江青と同年齢の親切な女性で、江青のために掃除や洗濯もやってあげ、スキャンダルに傷つく江青を懸命に慰めた。江青も彼女を「桂ちゃん」と呼んで甘えていたのだ。だがその恩人こそ、自分のスキャンダラスな過去を一番よく知っている。獄死寸前で釈放された彼女は、拷問によって満身創痍で、手足に浮腫が浮き、深刻な高血圧と糖尿病で歩くのも困難だったという。

著名評伝作家の葉永烈が一九九五年に秦桂貞を取材したとき、彼女は手首にケロイド状に残る手錠の跡をみせ、「あの〝妖怪精〟の死を私が生きて見ることができたのがとってもうれしい」と笑ったそうだから、親切で善良な女性をここまで変えた江青の毒を改めて思い知るエピソードである。

女帝願望

自分の過去のスキャンダルを知る者たちをこうして抹殺していった後、江青が真に狙っていたのは毛沢東の後継者の地位であった。文革が開始したとき党内序列二四位だった彼女は、一九七〇年には序列五位に上がった。彼女はこのころすでに、毛沢東の後をついで、自らが党のトップに立つという女帝願望を抱いていたと言われる。

ここで目障りになってきたのが、劉少奇を失脚させたあと、文革を発動させるために力を借りた林彪と、あとで詳述するその妻・葉群である。林彪は劉少奇失脚後、党内序列二位となって一九六九年には毛沢東の後継者として公認される。

だが、猜疑心の強い毛沢東に謀反の心を疑われ、自分の粛清を恐れた林彪側もクーデターを画策する。林彪は毛沢東を神のように尊敬しており、病気がちで気の小さいところもあった。葉群がけしかけねば、毛沢東を脅かす存在にはならなかったはずだ。また文革発動前から林彪家との連絡係を担っていた江青が毛沢東の耳に吹き込む林彪評は、毛沢東の判断に大きな影響を与えただろう。林彪は個人的には江青が嫌いで、大声でどなりつけるような喧嘩をして、葉群が江青のために跪《ひざまず》いてとりなすといったこともあった。

江青と葉群は最初こそ盟友であり共闘関係だったが、双方とも権力野心の強い女性、いずれはぶつかる運命であった。かくして一九七一年九月、林彪事件は起こってしまい、林彪、葉群、そして息子の林立果ともども死亡する。

一九七五年一二月、党内序列三位の康生が膀胱がんで死亡する。文化大革命においては、党の情報機関・中央調査部の指導権をもって大粛清の陣頭指揮をとった毛沢東の「死刑執行人」だ。

彼はかつて江青の通っていた小学校の校長であり、母が使用人をしていた山東省の地主の二男であり、少女時代にすでにお互いを知る関係だったという説がある。小学生の江青と二十歳代の若き校長の間に男女の情があったかどうかは分からないが、毛沢東の妻と片腕の部下という形で再会した二人は盟友関係になる。江青と毛沢東の結婚が幹部連中の反対に遭ったときも、懸命に後押ししたのは康生だった。また、江青が上海で国民党政府に逮捕されたときに署名したと伝えられる共産党への裏切りの証拠書類も、康生が握りつぶしてくれたという。

一九七六年一月八日に序列二位の周恩来が死亡し、江青がいよいよ序列二位、毛沢東に次ぐ政治地位に上り詰めた。だが、毛沢東が後継者として指名したのは江青ではなく、華国鋒。毛沢東は、私怨と狂気で動く江青に後継を任せる気はなかったのである。

一九七六年九月九日、毛沢東が死去。毛沢東という「赤い巨星」の後ろ盾があってこそ強権を振るうことができた江青ら四人組は、一九七六年一〇月六日、華国鋒らによって逮捕された。その四年後から始まる四人組裁判での被告・江青の暴言ぶりは、世間が期待する悪女の姿そのままであったろう。

一九八一年一月二五日に行われた四人組裁判の判決言い渡しの時の映像は今でも、動画投稿サイトなどで見ることができる。

他の三人が泣いたりうなだれたりしているのとは対極的に、カツラのような真っ黒で豊かな髪に分厚いメガネをかけた江青は、きりっとあごをあげ、裁判長を指さしながら、「私を罰することを通じて毛沢東主席を罰することは、中国人民を罰することです！」「私は三八年の間、毛沢東主席の妻をやってきた。最後に唯一残った毛沢東主席の女同志だ。私ほど彼を理解している者はいない！」と猛々しく叫んだ。死刑（二年執行猶予付きの死緩）宣告を受けた瞬間ですら、まっすぐ強い目を前に向け、判決に不服であることを全身で表現しながら警官に引っ張られるように退廷していった。女優・江青がもっとも観衆の耳目を集めた一世一代の舞台だった。

江青は一九九一年五月一四日午前三時半ごろ、がん治療のため北京市酒仙橋近くの自宅で軟禁中、ハンカチをいくつもつないで作ったロープをバスルームのフックにかけて首つり自殺をした。「主席、愛しているわ！　もうすぐあなたの教え子の戦友が会いに行きます。江青字」と書かれた古新聞が近くに置かれていた。七十七歳だった。

江青は毛沢東を心から愛していたのか。それとも毛沢東の妻の座を愛していたのか。それとも、これは女優・江青による最後まで大衆の期待にこたえたパフォーマンスだろうか。

江青は遺言で故郷の諸城に埋葬を望んでいたが、その望みはかなえられなかった。北京市福田共同墓地で、墓碑銘は李雲鶴。埋葬者の名前は記されていない。

第10章

林彪を操り破滅させた女——葉群

性に奔放なお嬢様

江青と同時代に生き、同じように悪女ぶりを発揮したのが葉群だった。彼女も写真を見る限り、大変美しい。黒くはっきりした眉にアーモンド形の綺麗な目をしている。

本名は葉静宜。福建省閩侯《びんこう》県（現在の福州市）に一九一七年に生まれた。古い宦官の家系だった。父親は国民党軍少将の葉琦《ようき》。母親は第三夫人で、小さいころから利発で、両親から掌中の珠と大事に甘やかされて育ったという。十四歳のときに北京師範大学附属中学に入学。一九三五年に卒業し、国民党系テレビ局に就職し、国民党のいわゆるCC団（国民党の党派、蔣介石の与党的存在）に入る。その年の暮れには一二・九運動にも参加する。反共・内戦をやめて抗日でまとまろうという運動である。一九三七年七月七日の盧溝橋事件を契機に時代の波に押されるように共産党運動に傾倒してゆき、他の愛国青年と同様に一路、延安に向かい、革命に身を投じるのだった。

延安では中国女子大学職員の仕事についた。彼女は見るからに良家のお嬢様風で、頭もよく、スタイルもよかった。肌は白くもち肌で、鈴を転がすような声で話す。延安三大美女の一人とも言われた。あとの二人は国務部長の彭徳懐夫人の浦安修《ほあんしゅう》、八路軍の左権将軍夫人の劉志蘭である。ちなみに八大美女にまで範囲を広げると江青も含まれる。それほどの美女なので、延安では男たちの憧れの的だった。薄く笑って視線をよこすだけで、男たちはたちどころに魂を奪われたという。ただ非常に気位が高く、なかなかハートを射止めるのは難しかったようだ。

葉群は性的に奔放であった。中国風に言えば「性風流」、今の女子高生言葉で言えば「ビッチ」風とでもいうのだろうか。それを悪びれなかった。初恋は中学生のとき。また、国民党CC団の特務教官と恋愛関係にあったとも言われている。延安に来てからも山東省出身の男性と恋愛し結婚の約束をしたが、男性の方が約束を反故《ほご》にしたとも伝えられている。

一九四二年、林彪がモスクワでの戦傷療養から戻り、最初の報告会で二人は出会う。抗日戦争の英雄である。葉群は自分の白馬の王子は林彪だと見定め、積極的に愛情を表現した。これは冷ややかな後世の評論家たちによれば、恋というよりは政治権力への野心であったと言われている。要するに林彪の顔にしても年齢にしても、また奇矯なその性格にしても、葉群のような女性が恋するようなタイプではなかったはずだと。

林彪の方は二番目の妻・張梅と性格の不一致で離婚、心を傾けていたモスクワ留学生・孫維世（孫炳文の娘で周恩来の養女）にも振られ孤独だった。そんなとき、延安三大美女の熱いまなざしに落ちないわけがない。二人はすぐ恋仲になり結婚した。このとき彼女は名を静宜から群に変え、葉群と名乗る。林彪の最初の妻の名前が汪静宜という名であったことを知って、この名を嫌ったからだ。一九四四年には長女・林立衡《りんりつこう》（豆豆）、四五年には長男・林立果（老虎）

をもうけた。

林彪の実務を取り仕切る

葉群は実に頭の回転の速い、実務能力の高い女性だった。一方、林彪は抗日戦争時の傷の手当に使われたモルヒネが原因でモルヒネ中毒となったあと、統合失調症を患っていた。アレルギーもあった。一般に言われているのは、とにかく神経質で、風や光や水を異常に怖がり、なかでも水に対してはトイレの水音を聞いただけでも下痢になるほどだった。林彪の奇矯な生活習慣については林彪家族の住居と事務所があった通称「毛家湾」(現在の中央文献出版社の所在地)に一九六三年から七一年の林彪事件に至るまで仕えていた使用人が証言している。林彪は水が恐くて、手も顔も洗わない。風呂にも入らない。怖くて水が飲めないので、饅頭を湯に浸して食べて水分をとる。部屋には温度調節設備があり、室温は二二度前後でないとダメ。こんな病的な人が副統帥や後継者がつとまるのか、と使用人たちが疑うほどだった。

では林彪はどうやって仕事をしていたのか。

執務はすべて葉群が取り仕切っていたのだった。

林彪は廬山会議で失脚した彭徳懐の後を継いで国防部長になり、ついで軍事委の副主席も兼務するようになった。一九六〇年、葉群は林彪事務所(林彪弁公室)・通称「林弁」の主任に任命される。これは軍の階級で言えば大校（上級大佐）扱いだった。彼女は林彪の名で演説稿や論文を書き、林彪の代わりに計画を練って政敵を追い落とした。一九六五年、林彪のライバルである国防部副部長だった羅瑞卿の失脚も、葉群が杭州にいた毛沢東のもとに飛んで、口頭で七、八時間におよぶ告発をおこない、上海での政治局常務委員会拡大会議に乗り込んで、三度にわたり一〇時間以上の発言を行って、羅瑞卿の「罪状」をぶちまけたことが功をなした。

江青は文革発動にむけて、林彪を仲間に引き入れるのだが、実務は葉群がこなすのだから、江青の直接のパートナーは葉群である。やがて一九六六年、江青と葉群、二人の悪女が手を組むことにより、世にも苛烈で悲惨な権力闘争と動乱が始まった。

江青と葉群の関係については、江青の第一秘書の閻長貴《えんちょうき》がこんなふうに証言している。葉群はとにかくよく気のつく女性で、文革初期は江青のご機嫌をとるのも非常にうまかった。その頃の江青は絶好調であったから、江青に近づこうと必死だった。たとえば、林彪の名義で江青と使用人の分までの軍装を一揃い贈ってきたりする。江青が毛主席の使用人の軍装も贈ったのか？　と聞くと、江青の使用人の分だけだと言って、江青を喜ばせた。

林彪と葉群がそろってご機嫌取りに、釣魚台一一号楼（現在の釣魚台国賓館）の江青のもとへ訪ねてくるのも一度や二度ではなかった。江青が毛沢東の書を林彪に贈っても、林彪は仏頂面で一言も話さず喜んでいるかどうかも分からないが、すかさず葉群が「私たち、武骨者なものですから……」と繕いながら、丁寧に謝意を述べる。

江青が大会で演説するときは、葉群が一番声を張り上げて「江青同志に学ぼう！　江青同志を敬おう！」と叫んだ。贈り物もすごくて、例えば一九六七年の初夏、北京ではまだスイカには早い季節に息子の林立果に南方から取り寄せさせ、数個を江青の元に送り届けたりもした。

林彪に向かって「あなたが毛主席に近づけば近づくほど、私も江青同志に近づけるのよ！」と語っていたことがあったと、林彪家の秘書の張雲生は証言している。

閻長貴は「その頃、私にとっては江青はアイドルのような存在でしたが、葉群には何か下種《げす》なものを感じていました」とも語っているが、欲望をストレートに表す江青と比べるとある意味、葉群の方が姦計に長け、より腹黒い女であったと言えるかもしれない。

一九六八年一月、江青の誣告《ぶこく》によって投獄された閻長貴の後任となった楊銀禄は、江青から「葉群は陰謀家だから、彼女からの電話も彼女への電話も全部きちんと内容を記録して証明できるようにしておくのよ」と命じられたと証言している。この頃から江青は、葉群への警戒心を強めていった。一九六九年には二人の同盟関係は終わっていた。

性と情と野心

一九六九年、林彪は毛沢東の後継者として公認されるが、劉少奇の失脚で空席となっていた国家主席の廃止案に意見したため野心を疑われ出す。一九七〇年、林彪が「毛沢東天才論」を主張して毛沢東を持ち上げてもなお謀反を疑われたため、毛沢東暗殺によるクーデターを計画する。だが、この計画にしても、葉群と解放軍空軍作戦部副部長だった息子・林立果が中心となって立てた。モルヒネ中毒で心の病を抱えている林彪は、ただそれに引きずられ、いわゆる九一三事件、林彪事件を起こすのだった。

ここでは事件については、詳しくのべない。大変謎にみちており、さまざまな研究があり、数々の専門書籍があるのでそれらを引用しはじめたらきりがない。簡単に言えば、毛沢東暗殺計画は娘の林立衡の周恩来への密告で失敗し、一九七一年九月一三日、解放軍の旅客機でソ連へ逃亡しようとするも、モンゴル国内で墜落した。葉群はこのとき林彪、林立果らとともに死亡した。

林彪と葉群はどのような夫婦仲であったのか。中国的に言えば、男と女の婚姻には三つの要素がある。性愛と情愛と野心。一蓮托生、死ぬ瞬間までともにあったのだから情愛は深かったのかもしれない。だが、病弱で心にも病のある林彪と、「性風流」を自任する奔放な葉群の間には、結婚当初の数年のほかは、いわゆる夫婦の営みはほとんどなかった。おそらくは、二人の関係のほとんどを、政治的野心による結びつきが占めていたと言っていいだろう。葉群にとっては林彪を利用し権力の高みに上ることが目的だったが、林彪にとっても、有能な葉群がいなければ毛沢東の後継者のような地位まで上り詰めることは不可能だったろう。そういう意味ではお互いかけがえのない存在だった。

葉群は性愛の部分は林彪以外の男性で満足させていた。林彪の部下で国防部副部長の黄永勝と男女の関係であったことは公然の秘密だが、それだけにとどまらず秘書や事務所員、果ては使用人、林彪に用事があって訪ねてくる外国人にまで色仕掛けで迫るという節操のなさであったことは元秘書・張雲生が語っている。だが林彪が文句を言いたくても、実情は葉群なしに何もできないのだ。何かを言えるわけがない。

林彪は一度、葉群の行状について公に弁明したことがある。

文革初期に失脚した政治家・陸定一《りくていいっ》夫人の厳慰冰《げんいひょう》からこんな告発を受けたときである。

「葉群は当局に紛れ込んだ時局便乗者だ！　彼女は風流成性（下半身が奔放）で、林彪と結婚前に王実味（延安整風運動で粛清された作家。一九四七年に処刑された）と大恋愛もしていたのよ！」

きっかけは一九六六年春、厳慰冰、葉群がそれぞれおつきの者をつれて、王府井百貨店出国人員服務部で買い物をしていたとき、近眼の厳慰冰が知らずにうっかり葉群の足を踏んでしまって大ゲンカになったことらしい。

さすがに林彪も、ここまで面子を傷つけられては黙っているわけにはいかなかった。一九六六年五月、陸定一夫婦を反革命罪で投獄するとともに、葉群は結婚当時、処女であった、王実味と関係があったことはない、という証明書を自ら書いて政治局に送付したという。林彪にしてみれば情けない茶番ではあるが、文革期はこの茶番が命取りになるのだから笑えない。厳慰冰は一九六一年から匿名の告発文を何十通と中央に送っていたが、九割は林彪と葉群の悪口だった。葉群の長女・林立衡が林彪との間にできた娘でないと言いふらしたのも彼女で、ひょっとすると林彪事件で林立衡が両親を裏切って密告したことに関係するかもしれない。

精力旺盛な葉群のような女性にとって、セックスは生活の中で非常に重要なものであった。だが同時に、単なる好色ではなく、常に相手を政治的に利用してやろう、という計算も働いていたようである。

林彪裁判のときに証拠に出された葉群と黄永勝の電話の盗聴録音（一九七〇年一〇月七日）にはこんな会話がのこされている。

葉群「私のこと考えていた？」

黄永勝「考えてないわけないじゃないか」

葉「私の命はあなたとともにあるわ。政治生命だけでなく、私個人の命も」
黄「わかっているよ。僕も君と同じだよ、安心しろよ」
葉「一〇一（林彪のこと。戦争年代時のコードネーム）はまだ家にいるのよ。毎日怒鳴られて暮らしているわ。こんな文句を言っても、あなたは私のこと低俗だって言わないわよね？　だってあなた、温情主義だものね？」
黄「どうして君はそんなに僕の心をちくちく刺激するの？」
葉「あら、だってあなただって将来、中国革命や世界革命で、大きな役割をになうかもしれないでしょう？」……

これが五十三歳の女と六十歳の男の電話での会話である。成人した子供が二人いる五十路女が電話ごしに、男への性的媚《こび》と政治的野心をここまで赤裸々に訴えている姿を想像すると、何か背筋にぞっとするものが走らないだろうか。

葉群が本当は林彪のことをどう思っていたか。つまり情愛はあったのか。

葉群は浮気性ではあったが、本当は林彪を愛していた。そう主張する人の根拠は、あの奇矯な生活習慣の神経質な林彪を葉群が最後まで世話し続けたという事実と、葉群の寝室にかかっていた二幅の書である。一幅は林彪が一九七〇年に葉群に贈ったものであり「髪不同青心同熱、生少同衾死同穴（髪は白くなってしまったけれど、情熱は変わらないよ。生きて同衾することは少なくなったけれど、死ぬときは一緒のお墓に入ろう）」とある。もう一幅は葉群が林彪にこの返事として贈ったもので、「教誨恩情永不忘、天長地久永相随（あなたが私を教え導いてくれた恩情を思うと胸がいっぱい。天地が続く限りついていくわ！）」。

結婚三〇年近くたってもこんなラブレターを送り合っていた。

だが、一九六一年一一月に福州の実家に里帰りした時に、葉群が書いた日記にはこうある。

「林彪のせいで私の青春は台無しよ。林彪との暮らしは生きる屍と暮らすようなものだ！」

いずれが、葉群の本心か。いや両方とも本心なのだろう。

愛と憎しみ、同情と侮蔑、相反する感情を心の奥にしまい込みながら決して表に出さず、ただひたすら権力への野心を追求することができるからこそ、稀代の悪女と呼ばれるのだろう。

第11章　中国に悪女が多いワケ

悪い男がいなければ悪女は生まれない

最後に江青と葉群の例を紹介した。この二人が今のところ中国現代史の悪女ツートップであり、彼女らを超える悪女の出現はまだ時代を待たねばならないと思うからだ。

二人には中国悪女の典型と本質を見ることができる。

江青タイプを簡単に言えば、幼少期に暴力やいじめや貧困などの不条理を味わい、強いコンプレックスや挫折感に苛まれる一方で、根拠のない自信にあふれ、自己実現欲求が高く、ちょっとやそっとの成功や幸せでは妥協できないタイプである。なので、第三者的にはそれで十分達成したではないかと思えるような状況でも挫折を感じ、その挫折の原因は周囲の人々や社会であると不満を溜め込む。そして周囲の人、成功している他人をうらやみ嫉妬する。

これは女性ならば、実は多少は誰でもある自己愛とコンプレックスの「毒」である。だが、この時代の中国のように、弱者がとことん苛められる社会においては、「毒」の質量は今の日本人には想像もつかないだろう。こういった女の持つ毒は、権力を持つ男との出会いによってときに増殖し、より黒く瘴気《しょうき》をはなつ妖しいものに変わってゆくことがある。

江青がただの「浮気性で嫉妬深い迷惑な女」から、真の悪女になったのは、毛沢東という稀代の巨悪に出会ったゆえだろう。毛沢東に嫁がねば、悪女・江青は誕生しなかった。

江青タイプは男の権力を借りて、最初は小さな野心、例えば妬ましい女を迫害し、自分を嘲笑した奴らに復讐するという目的を達成してきた。だが、だんだん目的よりも、権力を行使する快感に酔いしれ、もっと強い権力が欲しくなり、高い野心を持つようになる。たとえば自分が女帝となって君臨したい、というような野心である。だが、実際のところ、自分に実力があって得た権力ではなく、男からの借り物の権力である。男から愛想を尽かされたり、あるいは男が亡くなったり、失脚したりすれば、その権力は真に実力のある者に奪われるのだ。江青タイプは男の権力が終わりを告げたとき、同じようにすべての力を失うのだ。

葉群タイプは少し違う。葉群は幼少期、青春時代は可愛がられ、ちやほやされ、モテモテで、人生は自分の思い通り切り開けて当然だと体得している。自分の美貌にも能力にも自信があり、自らハンターのようにその能力を駆使して自分に必要な獲物、主に権力を持つ男を捕えてゆくのである。そして捕えたあとは、男の権力を操り、自分の野心を達成してゆく。江青タイプと違うのは、女性自身が男に優る能力、政治力を持っていることである。男の権力を借りて表舞台に出てくるのが江青タイプ、男の権力を後ろから操り、男を出世させてゆくことで自分が実権を握ってゆくのが葉群タイプ。

葉群タイプは、年齢を重ねて容色が褪《あ》せても、男を虜にする術を持っている。それは男性が憩《いこい》を感じる雰囲気や気配りであったり、一瞬で天国に行けるような気分の性技であったり、必要とされる高い実務能力であったり、といろいろだろう。個人的には江青タイプより葉群タイプの方が、恐ろしいのだが、葉群タイプは、時代がよければ男を出世させる「あげまん」である、とポジティブに評価されることもあるだろう。

スケールは違えども、第1章で紹介した谷開来は江青タイプに近いだろう。張培莉もどちらかと言えば江青タイプか。彭麗媛は葉群タイプに近いかもしれないが、幼少期は苦労し、コンプレックスも抱えていたし、江青タイプにも見える部分もある。「公共情婦」たちの湯燦は葉群タイプ、李薇や丁書苗は葉群とも江青とも言える中間だろう。ネットの小悪魔たちは全く新しい存在であり、従来の悪女とはまた違う存在だと思う。別に悪女の類型を二つに分ける必要もないのだが。

重要なことは、悪女は単体では存在しえないということだ。悪女は権力を持つ男を軸にして初めて存在が成立するのだ。悪女は生まれながらに悪女ではなく、権力を持つ男との出会いによって女の中に潜む毒から悪の華を咲かせる、そういう存在ではないだろうか。乱暴に一言で言えば、もとは男が悪い。

ちなみに中国で「悪い男」というのは、必ずしもネガティブな意味ではない。「男人不壊、女人不愛（ワルじゃなきゃ、女は惚れない）」とは巷でチョイワル男をほめる言葉だが、悪くなければ生き残れない、出世しない、金持ちになれない、というのは中国では世間の常識でもあるのだ。「好《い》い人（老好人）」という言葉を人に投げるときは、若干の侮蔑のニュアンスがある。凡人、お人よし、普通の人、といった小馬鹿にした感じだ。だから、あなたはいい人ね、なんて男性にはあまり言うものではない。

中国のような権力闘争の激しい国で、大なり小なり権力の座につける男はおしなべて悪い男、と言っても過言ではない。人も騙せないような善人が政治なり経済の頂点に立てるほど中国社会は甘くない。恫喝や相手の弱みをゆする卑怯な真似も駆け引きと割り切って使いこなせるような面の皮の厚さと腹黒さがなければ上に昇っていけない。だからこそ清朝末期に李宗吾が書いた『厚黒学』などといった本が今も愛読されている。近現代史を振り返って、中国の時代のリーダーたちがみな、ずぶとく腹黒い（厚黒）ことも納得がいくのである。

日本にはなぜ専業主婦がいるの？

だが、中国で悪女が多く誕生するというのは、男が悪いから、だけではない。そこは女性が自分の才能と努力だけでチャンスをつかみ、夢をかなえたり、出世したり、権力の高みを目指すことができない社会である、という中国の男尊女卑の伝統的風土と関係があるだろう。

そんなことを言えば、日本などはもっと、女性が権力の高みを目指しにくい国ではないか、男女差別の強い国ではないか、と言われるかもしれない。ではなぜ、日本に悪女が生まれにくいか、ということも合わせて考えてみよう。

先日、日中間ビジネスのコンサルタントをやっている日本人の友人とこんな会話をした。

「日本はなぜ専業主婦が多いのか、と聞かれたらどう答える？」

その友人の奥様も専業主婦で、同じテーブルについている男性ビジネスマン二人とも奥様は専業主婦だった。

「こんなに専業主婦の多い国、世界中に他にないよ」


フェミニストならば、そこで日本女性の社会進出における障害の問題を論じるところなのだが、私は中国と比較してみて、こういう話をした。

まず今現在の日本の状況を言えば、専業主婦になりたい女性が確実にいる。専業主婦になりたくても、夫の経済力が足りなければなれない。今は経済状態があまりよくなく、特に若い人の経済力は低下しているので、若い男と結婚して専業主婦になれる人は非常に少ないだろう。専業主婦になりたい人は、高収入の、いわゆるスペックの高い男性を捕まえなければならないので、美貌を磨いたり、積極的にアプローチしたりの努力もしている。だけど、専業主婦は以前に比べて多くはなく、これからどんどん減っていくだろう存在だ。

一方、私のような、自由に仕事をしたい、男女の差なく競争社会で生きていくことがむしろ好きだという女性は、男性の力を借りることなく、自分の能力と努力でそれに見合った報われ方をすることを望む。

私自身は、中国などと比較すると、日本は、男であろうが、女であろうが、比較的公平に努力が報われる社会であると感じている。それは日本に移り住んでいる中国人からもよく聞く話だ。仕事をしながら結婚し子供を産むというのは確かに大変だが、幼児を老親や親戚のもとに預けたままで両親が半年や一年も出稼ぎに出たきりなのが当たり前のような社会と比べると、まだ普通の苦労ではないかと思う。もちろん日本の女性をめぐる環境が良くなるにこしたことはないので、改善の余地のある部分については、要求はどんどん言えばいいのだが、日本人女性は実は非常に恵まれているのだという自覚はあった方がいい。自分でどのような人生を歩むか、自分で取捨選択できるというのは、とても幸福なことである。

でも中国の場合、たとえ高収入の夫に嫁いでも、専業主婦になりたいという人は少ない。できればビジネスをしたい。高収入の夫はたいてい何らかの権力を持っていたりするので、そういう権力・利権をフルに生かしてビジネスをしたい、と考える。

中国人の女友達に聞かれたことがある。「なぜ、日本には専業主婦になりたい女性がいるのですか？」と。「外で働くより料理したり掃除したり子育てする方が楽しいっていう女性もいるでしょう」と答えると、「そういう程度の低い仕事はアイ（阿姨＝家政婦）さんの仕事でしょ。学歴のある女性は外で働くものでしょう」と言う。「外で働く方が疲れるでしょう。給料がそんなに高くなくて、ぜんぶアイさんの賃金に飛んでいくくらいなら、自分で自分の家を自分好みに掃除して自分好みの料理を作り、子供のしつけも勉強も自分で見た方が安心でしょう？　日本はアイさんの賃金が高いのよ」

すると、夫が裏切ったとき、夫が失脚したとき、いろいろなリスクについてずらずらと語りはじめ、自分のお金があった方がいいでしょう、と言う。要するに、夫の知らない自分だけの資金がないと不安だと言うのだ。

思うに、日本の女性に専業主婦願望がある人がいまだ少なくないのは、主婦の地位が社会的にも家庭内でも高いからだ。掃除や洗濯は決して卑しい仕事ではない。家計の財布の紐はたいてい妻が握る。夫は妻からお小遣いをもらう身分だ。

そして夫に裏切られるかも、夫が失脚（失業）するかも、という危機感も、意外に少ない。安定した大企業は日本にも中国にもあるが、その出世や失脚が能力外の陰謀や政治によって突如もたらされるという心配は日本人にはあまりないのだ。もちろん日本も昔に比べて突然のリストラ解雇というのは増えただろうが、中国の失脚とは、まったく別ものだ。

つまり夫に対する信頼度や安心感が根本的に違う。日本人女性は夫を信頼している。夫も妻を信頼しているので財布を預けて、大人しくお小遣いをもらう身分に甘んじ、子供の教育に口を出さないのだろう。

女に居場所はない

東洋史学家の宮脇淳子さんから教えてもらったのだが、中国の伝統的家族観から言えば、妻の身分というのは高くない、という。中国が家族・血筋を重んじることはよく知られているとおりで、華人社会はファミリーという単位で網の目のようにネットワークを形成し、それがビジネスや政治に大きく影響してくることもご存じだろう。

特に党や行政や大企業の幹部は、革命戦争に参加し功績をたて、新中国建国に貢献した人たちの、太子党と呼ばれるファミリーで占められている。彼らにとって婚姻とは、恋愛の結果といった単純なものではなく、ファミリーとファミリーを結びつけ、権力や利権やビジネスチャンスを広げることである。

ここで重要なのは、妻にとって自分のファミリーはあくまで実家である、ということだ。結婚しても姓が変わらないのはそういう意味である。妻の役割は実家の利益のために、嫁ぎ先との風通しを良くし、実家によい情報や条件を引き出してくる、いわば駐在員のような存在なのだ。嫁ぎ先のファミリーにとっては、妻は少なくとも跡継ぎの男の子を産むまでは、よそ者である。男の子を産めば、跡継ぎの母というファミリー内でのポジションが確立する。

婚姻で結ばれた二つのファミリーでも、利害の対立が起きる場合がある。

この場合、妻は婚家にとって、敵から送り込まれたスパイのようなものでもある。日本の戦国時代に人質替わりに嫁がされた大名の娘みたいな肩身の狭さだと想像してもいい。妻は自分の身を守るために夫の弱み、たとえば不正や汚職の証拠などをひそかに集めたりもする。自分を裏切ったり捨てたりしないように、脅しに使えるように。いざという時、逃げ出せるように自己資金も確保する。中国の、特に政治や経済の権力に結び付くような夫婦間とは、そういう緊張関係が伴うもので、信頼関係とは無縁とまでは言わないが、一番に必要なものでもない。

もちろん、これも一昔前の中国の話であって、今の家族観は徐々に変わってきているだろう。また政治や経済の中枢にかかわるファミリーと、普通の市民家庭でも、違いはある。だが、それでもこの「妻も敵なり」という感覚は、長い歴史の中で中国人の本能の部分に刷り込まれていると言っていいだろう。

こう考えると、中国の家にとって女の子はやはり婚姻の道具なのである。

今でこそ、女の子も高い教育を与えれば男の子と同じであるし、農村でも家も継がせられるが、儒教的な祖先崇拝儀式で言えば、男の子でなければ祖先の霊を慰められない。家が栄えるということは祖先が家を守ってくれているおかげ。祖先を祭る男の子がいなければ家は栄えない。だから家にとって男の子は大事で、女の子はいずれ出ていくものなのである。とすると女の子は婚家でも居場所がなく、実家でも居場所がない。女は三界に家なし、と昔の日本でも言われたが、それは中国の方がより切実に感じられることなのだ。

中国には一人っ子政策（一組の夫婦は原則一人しか子供を産んではいけないという人口抑制政策）が導入されているが、この政策の副作用として、男児と女児の出生性比のアンバランスが問題となり、将来的に結婚にあぶれる男子は二〇〇〇万人とも言われている。それは一人しか子供を持てないならば女の子より男の子がよいと「選択」するからだ。なぜ女性たちが男の子を産むことにこだわるかというと、先に触れたように、男の子を産まないと嫁ぎ先でのポジションが確立しないからだ。農村では今も、女の子しか産まない嫁が追い出されることがある。

こういう実態があるから、一人っ子政策も、農村部では一子目が女児や障害児の場合、二子目を産んでよい、という特別条項がある。だがそれは、女児や障害児が、出産としては「ハズレ」であると制度として公認しているようなものである。中国社会は今もって、そういう極めて厳しい男尊女卑の価値観に支配されている。

こういう社会に女として生まれたとき、もし少しでも美貌や美しい肉体があれば、あなたならどうするだろうか。

農村と都市という二元構造社会の上に、特定のファミリーの血統が政治と経済を支配する階級社会。しかもいまだ厳しい男尊女卑の価値観におおわれ、生まれた家にも嫁ぎ先の家にも真の居場所はない。才能と努力だけで得られるチャンスなどほとんどない。

ならば男が持っておらず、男が欲しがるものを餌に、金と権力のある男に取り入るのが一番、チャンスへの近道ではないか。

かくて、才能もあり努力もできる美貌の女子は悪女の道へと進むのである。

だが、その先にあるのは「女の幸せ」とはほど遠い戦場である。誰でも悪女になれるわけではない。どんなに人を傷つけても自分を傷つけてでも、権力と金をつかみ、自分の確たる居場所を勝ち取ろうという野心がまず必要だ。そしてその野心を支え続けるには、強靭な精神力が必要だ。

中国悪女の魅力はこの黒光りするような鋼《はがね》の強さだ。日本人女性にはまずない種類のタフさ。中国という国が苛み鍛えあげたその心の強さを見せつけられると、彼女たちの悪どさを恐れ嫌悪するよりも、何とも言えない切なさが胸にこみあげてくるのである。

あとがき——悪女からみる日中比較

シンガーソングライター中島みゆきの「悪女」という曲が好きで、一応、カラオケの私の持ち歌である。だが、これを私が歌うとなぜか失笑が起きる。理由を尋ねたことはない。好きな男に捨てられる前に自分から悪女ぶって、男と遊んでいるふりして愛想を尽かされたほうがましだ、という女の強がりを歌った曲である。こいつ、こんな経験、ありそうと思われて笑われるのだろうか。

「悪女」というのは女性の多くが一度くらいは憧れるのではないだろうか。少なくとも私はひそかに憧れている。男を手玉にとれるような女になってみたい、男の人生を狂わせるくらいの影響力のある女になってみたいという悪女願望は、あなたにはないだろうか。小悪魔系ファッションが若い女の子の間ではやるのも、そういう悪女願望が反映されている気がする。

でも、結局日本人女性は、なかなか本物の大悪女になれなくて、せいぜいファッションや言葉遣いなどで悪女のふりをするのが関の山である。なぜ悪女になりたいか。それは女は弱く傷つきやすい、という前提があるからだろう。傷つきやすくて可哀そうだと人から思われる、それがなおプライドを傷つける。悪女ぶるのは、傷つく自分が情けないから。憐れみを持たれるよりは憎まれた方が、プライドが傷つかないと思うから。だけど本心を隠して悪女ぶるのも、なかなか大変なのである。

なぜなら「悪女になるなら月夜はおよしよ、素直になりすぎる」から。「悪女」の歌詞を聞いて、中国の女の子たちは共感するだろうか。感覚がわかるだろうか。美しい月の下では素直になってしまう、という日本人の女の子の感覚が。

話は変わるが、日本は実は中国などに比べると法律の条文やガイドラインが少ない。中国の法律家から前に尋ねられたことがある。

「日本は法律の条文が中国よりずっと少なくてシンプルなのに、ずっと秩序が保たれているのはなぜなのか？」

それに対し私はこう説明したことがある。

「日本人には、不正なことをやればお天道様に恥ずかしい、いつもお天道様が見ている、という感覚があるんですよ。法律による罰よりも、その感覚に背く罪悪感の方が人を律するのです」

月夜では素直になりすぎる、という感覚と根っこは同じである。自分の嘘や悪事は太陽や月の清浄な光に照らしだされ、どこかで誰かがお見通しなのだ。その「誰か」というのは、あえて言えば、自分たちの祖先ではないか、と私は思う。信仰のある人は神様や仏様と考えるかもしれない。少なくともその「誰か」は自分に天罰を下そうと厳しく見張っているのではなく、自分を偽っていては苦しくないかと心配そうに見守ってくれているのである。嘘や不正がばれるのではないか、というびくびくした恐れではなく、そうやって見守ってくれている祖先の霊、あるいは万物の霊か神様か何者かに対して申し訳ない、恥ずかしいという感覚である。

これも中国人にはない感覚だと聞く。日本人の「性善説」というのは、本来こういう何者かに見守られているという漠然とした安心感によってつくられてきたのではないかと思う。

年間三万人前後が自殺している日本に安心感があるというと説得力がないかもしれない。ここ一〇年、二〇年の間で、日本人が本来漠然ともっていた安心感が急激に後退しているのも確かだろう。

それでも、大地震が来ても大津波が来ても原発事故が起きても、打ちこわしや暴動ひとつおきずに、ゆっくりした歩みではあるけれど復興へと進みつづけるのが日本である。近隣の国々と比較すれば安心感がある。まっとうに頑張ればいつか必ず報われる。なぜならお天道様が見てくれているはずだから、とやはり思うのである。

こんな日本で生まれ育った私たち日本人女子には、悪女になるどころか、悪女のふりをすることさえ難しい。

中国はどうだろう。

中国は先の大戦後の状況だけをみても、繰り返される動乱と苛烈な宗教・思想の弾圧、社会・経済の二元化と対立の激化で、安心感をかもす要素は何ひとつない。才能と努力だけではどうしようもない厳しい社会階層があり、生まれた場所や家庭が人生を決定的にふりわけてしまう。報われない人たちを慰める思想も信仰もない。

女たちは悪女にならねば、プライドどころか命も人生も虫けらのようにつぶされかねない。悪女ぶる必要はない。生きるために持てる武器を総動員して戦っていけば、頂上近くに勝ち残った者は誰もが程度の差こそあれ悪女になっている。

ひとつ思い出話をしよう。

北京の中心部にある観光名所・什刹海《しゅうせつかい》のほとりの立派な四合院の屋敷に、かつて美しい老婦人が住んでいた。中国で一、二を争う慈善団体のトップであり、革命戦争にも参加した八路軍の女兵士である。そして、共産党史に輝かしい名を残すとある大人物の妻でもあった。二〇〇五年ごろのことである。日本人の友人がその老婦人と大変仲がよく、私はせがんでその家に連れて行ってもらった。毛沢東のそばで闘った「生きた歴史」と言える人物である。もし可能なら評伝を書かせてほしい、といった下心も当然あった。

老婦人はすでに八十代半ばであったが、銀髪を綺麗にまとめ上げた優雅な人であった。四合院の客間にはずらりと骨董の陶器類が並んでいて、素敵ですね、とほめると、「骨董を集めるのが趣味なの」とほほ笑んだ。目のきく友人が「博物館に入っていてもおかしくないようなものばかりよ」とささやいた。このとき、老婦人は「ワカメはお好き?」と聞いて、「ちょうど使用人が休みで大したものは作れないけれど」と、手ずからワカメサラダを作って、もてなしてくれた。

初めての面会だったので、私もやや緊張して、立ち入ったことは聞かなかった。でも、彼女が若いころ大変美しく、毛沢東にしつこく迫られていた、と聞きかじった話をこちらから持ちかけると、まんざらでもないようにころころと笑って、「だから、急いで結婚したのよ。夫のような立場の人なら、私を毛沢東から守れると思って」と冗談っぽく話していた。

老婦人は「世界中のジャーナリストが私のところにきて、評伝を書きたいって言うけれど、全部断っているの」とやんわり私を牽制した。「まあ、あなただったら、構わないけれど、私の死んだあとなら」と名指ししたのは私の友人だった。老婦人と古い付き合いの友人は彼女の人生の物語をことあるごとに聞いていた。でも友人は「私は書かない。全部墓場に持って行く」と宣言していた。

あとで、私は友人に、なんで評伝を書かないの？　と尋ねた。すると彼女は「女として彼女（老婦人）の名誉を守りたいから。私には書けない」と言った。友人はそういう性格だから、老婦人も自分のことをあれこれ話す気になったのだろう。

友人は少しだけ老婦人について語ってくれた。大慈善組織のトップに君臨する中国の良心の象徴のような美しい老婦人が、実は夫をずっと嫌悪していたこと、堂々と愛人を作っていたこと、それも一人でなかったことなど。

「彼女は、毛沢東の魔手から逃げるために、毛沢東が絶対頭の上がらない恩人を誘惑して結婚したの。でも、その夫を彼女は愛せなかった。夫の方は彼女に惚れていたし、毛沢東から彼女を奪った形になるから、離婚することもなかったけれど……」

そういった男女のどろどろした愛憎を微塵も感じさせない、老婦人の優雅なたたずまいを思い出しながら、なるほど中国の本当の悪女とは、ほとんどが最後まで悪女とわからないままなのだろうと思った。自らの悪い行いは懺悔することもなく、黙ってそのまま墓場まで持って行く。その強さもなければ悪女など務まらない。

老婦人は今はこん睡状態のまま延命措置の入院をしている。

本書で紹介した悪女たちは、中国でもすでに悪女としてスキャンダラスなゴシップにまみれている。本来墓場まで持っていくはずの悪徳の物語が表に浮上しているのは、彼女らがすでに失脚、あるいは権力の座から退いているからだ。彭麗媛とネットアイドルたちは本書でも例外的扱いだ。現役のファーストレディについては、悪女という評価ではなく、本書でもむしろできる妻、「あげまん」妻として紹介している。でも、もし仮に失脚していたなら、きっと悪女としてスキャンダルが山ほど書きたてられたことだろう。逆に葉群などは、仮に林彪が毛沢東の後継者として無事に政治的に生き残ったのなら、夫を支え続けた有能な妻として、もっとポジティブな評価がなされたかもしれない。

とすると、香港のゴシップや中国の報道などを整理してまとめたこの本に描かれている悪女たちの姿も、すべてが真実であるとは言えないだろう。所詮ゴシップであるということを念頭においてほしい。しかし、それでも良心もモラルもかなぐり捨てなければ上に昇っていけない中国の女たちをとりまく社会環境は多少垣間見えることだろう。男たちを手玉にとり、巨額の富を蓄え、贅沢を尽くした彼女たちの人生を振り返りながら、女の幸福とは何かを考えるヒントも得られるかもしれない。

そして悪女の生まれにくい日本という社会が、何かと文句を言われながらも、実はわりと公正で豊かで安心であるかも、と改めて気づいてもらえるかもしれない。幸い、こういう社会に生まれ落ちたのだから、無理して悪女ぶる必要もない。

私も悪女は、遠くから見て憧れるだけにしておこう。

二〇一三年一〇月

福島香織

参考文献一覧

『谷開来「家族」――一個女人和五個男人的故事』(田一川著　天語出版社)
『谷開来的愛与欲』(司文郎編著　南風窗出版社)
『傾城禍水　谷開来』(洪春宝著　北運河出版社)
『判囚谷開来的幕後秘辛――毒殺間諜情夫成懸案』(関詑編撰　香港南泉出版社)
『習近平家族』(南雷編著　南風窗出版社)
『薄谷情仇――一段権銭愛慾交纏的関係』(徐来編著　南風窗出版社)
『勝訴在美国』(開来著　光明日報出版社)
『馬家軍調査』(趙瑜著　人民文学出版社)
『中国新権貴之官夫人』(呉南鷹・程玉霞編著　明鏡出版社)
『中共貴夫人――領導人背後的神秘勢力』(古巨川編著　文化芸術出版社)
『薄熙来伝』(姜維平著　香港夏菲爾出版公司)
『太子党金権帝国』(南雷編著　文化芸術出版社)
『中国黄朝　高幹們的情婦門』(沈琳・方延鴻著　哈耶出版社)

『チャイナ・ジャッジ――毛沢東になれなかった男』（遠藤誉著　朝日新聞出版）
『新公共情婦　湯燦』（江雪著　北運河出版社）
『公共情婦李薇秘史』（常笑石著　北運河出版社）
『江青伝』（葉永烈著　時代文芸出版社）
『出没風波里』（葉永烈著　中国発展出版社）
『江青自伝』（江青口述　常笑石整理　北運河出版社）
『毛家湾紀実――林彪秘書回憶録』（張雲生著　春秋出版社）
『問史求信集』（閻長貴・王広宇口述　紅旗出版社）
『江青に妬まれた女――ファーストレディ王光美の人生』（譚璐美著　NHK出版）
『妻も敵なり――中国人の本能と情念』（岡田英弘著、クレスト社）

そのほか新華社、中国新聞網、百度百科、百度文庫、新浪網、騰訊網、ウィキリークス、ウォール・ストリート・ジャーナル、ニューヨーク・タイムズ、デイリー・テレグラフ、デイリー・ミラー、ガーディアンなどの該当記事をインターネットで検索し、参照・引用しました。

福島香織（ふくしま　かおり）
フリージャーナリスト。1967年奈良市生まれ。大阪大学文学部卒業後、産経新聞社に入社。大阪文化部などを経て上海・復旦大学に語学留学。2001年に産経新聞香港支局長に就任、2002年に香港支局閉局にともない中国総局（北京）に異動。2008年まで常駐記者を務めた。2009年に退職し、中国関連分野でフリーの活動を開始。著書に『中国絶望工場の若者たち――「ポスト女工哀史」世代の夢と現実』(PHP研究所)、『中国「反日デモ」の深層』(扶桑社新書)、『潜入ルポ　中国の女――エイズ売春婦から大富豪まで』(文春文庫）ほか多数。

文春新書

946

現代《げんだい》中国《ちゅうごく》悪女列伝《あくじょれつでん》

2013年（平成25年）11月20日　第1刷発行

著　者　福　島　香　織
発行者　飯　窪　成　幸
発行所　株式会社　文　藝　春　秋

〒102-8008　東京都千代田区紀尾井町3-23
電話（03）3265-1211（代表）

印刷所　理　想　社
付物印刷　大　日　本　印　刷
製本所　大　口　製　本

定価はカバーに表示してあります。
万一、落丁・乱丁の場合は小社製作部宛お送り下さい。
送料小社負担でお取替え致します。

ISBN978-4-16-660946-8

◆日本の歴史

日本神話の英雄たち　林 道義
日本神話の女神たち　林 道義
古墳とヤマト政権　白石太一郎
一万年の天皇　上田 篤
謎の大王 継体天皇　水谷千秋
謎の豪族 蘇我氏　水谷千秋
謎の渡来人 秦氏　水谷千秋
女帝と譲位の古代史　水谷千秋
孝明天皇と「一会桑」　家近良樹
天皇陵の謎　矢澤高太郎
四代の天皇と女性たち　小田部雄次
対論 昭和天皇　原 武史・保阪正康
昭和天皇の履歴書　文春新書編集部編
昭和天皇と美智子妃 その危機に　加藤恭子・田島恭二監修
皇族と帝国陸海軍　浅見雅男
平成の天皇と皇室　高橋 紘

皇位継承　高橋 紘・所 功
美智子皇后と雅子妃　福田和也
天皇はなぜ万世一系なのか　本郷和人
皇太子と雅子妃の運命　文藝春秋編
戦国武将の遺言状　小澤富夫
江戸の都市計画　童門冬二
徳川将軍家の結婚　山本博文
江戸城・大奥の秘密　安藤優一郎
幕末下級武士のリストラ戦記　安藤優一郎
旗本夫人が見た江戸のたそがれ　深沢秋男
徳川家が見た幕末維新　徳川宗英
伊勢詣と江戸の旅　金森敦子
甦る海上の道・日本と琉球　谷川健一
合戦の日本地図　武光 誠・合戦研究会
大名の日本地図　中嶋繁雄
名城の日本地図　西ヶ谷恭弘・日竎貞夫
県民性の日本地図　武光 誠
宗教の日本地図　武光 誠

白虎隊　中村彰彦
新選組紀行　中村彰彦・神長文夫
福沢諭吉の真実　平山 洋
元老 西園寺公望　伊藤之雄
山県有朋 愚直な権力者の生涯　伊藤之雄
渋沢家三代　佐野眞一
明治のサムライ　太田尚樹
「坂の上の雲」100人の名言　東谷 暁
日露戦争 勝利のあとの誤算　黒岩比佐子
徹底検証 日清・日露戦争　半藤一利・秦郁彦・原剛・松本健一・戸髙一成
鎮魂 吉田満とその時代　粕谷一希
旧制高校物語　秦 郁彦
日本を滅ぼした国防方針　黒野 耐
ハル・ノートを書いた男　須藤眞志
日本のいちばん長い夏　半藤一利編
昭和陸海軍の失敗　半藤一利・秦郁彦・平間洋一・保阪正康・黒野耐・戸髙一成・戸部良一・福田和也
あの戦争になぜ負けたのか　半藤一利・保阪正康・中西輝政・戸髙一成・福田和也・加藤陽子
二十世紀 日本の戦争　阿川弘之・猪瀬直樹・中西輝政・秦 郁彦・福田和也

零戦と戦艦大和　半藤一利・秦 郁彦・前間孝則・鎌田伸一・戸髙一成・江畑謙介・兵頭二十八・福田和也・清水政彦
十七歳の硫黄島　秋草鶴次
指揮官の決断　満州とアッツの将軍　樋口季一郎　早坂 隆
松井石根と南京事件の真実　早坂 隆
硫黄島 栗林中将の最期　梯 久美子
特攻とは何か　森 史朗
銀時計の特攻　江森敬治
帝国陸軍の栄光と転落　別宮暖朗
帝国海軍の勝利と滅亡　別宮暖朗
日本兵捕虜は何をしゃべったか　山本武利
幻の終戦工作　竹内修司
東京裁判を正しく読む　牛村 圭・日暮吉延
昭和史の論点　坂本多加雄・秦 郁彦・半藤一利・保阪正康
昭和の名将と愚将　半藤一利・保阪正康
昭和史入門　保阪正康
対談 昭和史発掘　松本清張
昭和十二年の「週刊文春」　菊池信平編
昭和二十年の「文藝春秋」　文春新書編集部編

「昭和80年」戦後の読み方　中曾根康弘・西部 邁・松井孝典・松本健一
誰も「戦後」を覚えていない　鴨下信一
誰も「戦後」を覚えていない［昭和20年代後半篇］　鴨下信一
誰も「戦後」を覚えていない［昭和30年代篇］　鴨下信一
ユリ・ゲラーがやってきた　鴨下信一
評伝 若泉敬—愛国の密使　森田吉彦
同時代も歴史である 一九七九年問題　坪内祐三
シェーの時代　泉 麻人
昭和の遺書　梯 久美子
父が子に教える昭和史　福田和也ほか
原発と原爆　有馬哲夫
歴史人口学で見た日本　速水 融
コメを選んだ日本の歴史　原田信男
閨閥の日本史　中嶋繁雄
名字と日本人　武光 誠
日本の童貞　渋谷知美
日本の偽書　藤原 明
明治・大正・昭和 30の「真実」　三代史研究会

明治・大正・昭和史 話のたね100　三代史研究会
日本文明77の鍵　梅棹忠夫編著
「悪所」の民俗誌　沖浦和光
旅芸人のいた風景　沖浦和光
貧民の帝都　塩見鮮一郎
中世の貧民　塩見鮮一郎
手紙のなかの日本人　半藤一利
日本型リーダーはなぜ失敗するのか　半藤一利
「阿修羅像」の真実　長部日出雄
日本人の誇り　藤原正彦
謎とき平清盛　本郷和人
よみがえる昭和天皇　辺見じゅん・保阪正康
高橋是清と井上準之助　鈴木 隆
信長の血統　山本博文

(2012. 11) A

◆世界の国と歴史

民族の世界地図　21世紀研究会編
新・民族の世界地図　21世紀研究会編
地名の世界地図　21世紀研究会編
人名の世界地図　21世紀研究会編
常識の世界地図　21世紀研究会編
イスラームの世界地図　21世紀研究会編
色彩の世界地図　21世紀研究会編
食の世界地図　21世紀研究会編
法律の世界地図　21世紀研究会編
国旗・国家の世界地図　21世紀研究会編
ローマ人への20の質問　塩野七生
ローマ教皇とナチス　大澤武男
イタリア人と日本人、どっちがバカ？　ファブリツィオ・グラッセッリ
フランス7つの謎　小田中直樹
チャーチルの亡霊　前田洋平
ロシア　闇と魂の国家　亀山郁夫　佐藤　優
パレスチナ　芝生瑞和
ハワイ王朝最後の女王　猿谷　要

＊

空気と戦争　猪瀬直樹
戦争学　松村　劭
新・戦争学　松村　劭
名将たちの戦争学　松村　劭
戦争の常識　鍛冶俊樹
戦争指揮官リンカーン　内田義雄
二十世紀をどう見るか　野田宣雄

＊

歴史とはなにか　岡田英弘
歴史の作法　山内昌之
金融恐慌とユダヤ・キリスト教　島田裕巳
池上彰の宗教がわかれば世界が見える　池上　彰
池上彰の「ニュース、そこからですか!?」　池上　彰
新約聖書Ⅰ　新共同訳　佐藤優解説
新約聖書Ⅱ　新共同訳　佐藤優解説

◆さまざまな人生

斎藤佑樹くんと日本人　中野　翠
麻原彰晃の誕生　髙山文彦
植村直己　妻への手紙　植村直己
植村直己、挑戦を語る　文藝春秋編
天下之記者「奇人」山田一郎とその時代　高島俊男
評伝　川島芳子　寺尾紗穂
最後の国民作家　宮崎駿　酒井　信
夢枕獏の奇想家列伝　夢枕　獏
おかみさん　海老名香葉子
泣ける話、笑える話　徳岡孝夫　中野　翠
ニュースキャスター　大越健介
生きる悪知恵　西原理恵子
ラジオのこころ　小沢昭一

◆アジアの国と歴史

(2012. 11) B

◆政治の世界

- 美しい国へ　安倍晋三
- 体制維新——大阪都　橋下徹　堺屋太一
- 日本のインテリジェンス機関　大森義夫
- 田中角栄失脚　塩田潮
- 政治家失格 なぜ日本の政治はダメなのか　田﨑史郎
- 女子の本懐　小池百合子
- 実録 政治vs.特捜検察 ある女性秘書の告白　塩野谷晶
- 体験ルポ 国会議員に立候補する　若林亜紀
- 鳩山一族 その金脈と血脈　佐野眞一
- 民主党が日本経済を破壊する　与謝野馨
- 世襲議員のからくり　上杉隆
- 小沢一郎 50の謎を解く　後藤謙次
- 日本国憲法を考える　西修
- 憲法の常識 常識の憲法　百地章
- ここがおかしい、外国人参政権　井上薫
- CIA 失敗の研究　落合浩太郎
- 決断できない日本　ケビン・メア
- オバマ大統領　村田晃嗣　渡辺靖
- 独裁者プーチン　名越健郎
- ジャパン・ハンド　春原剛
- 拒否できない日本　関岡英之
- 司馬遼太郎 リーダーの条件　半藤一利・磯田道史　鴨下信一他
- 日本人へ リーダー篇　塩野七生
- 日本人へ 国家と歴史篇　塩野七生
- 財務官僚の出世と人事　岸宣仁
- 公共事業が日本を救う　藤井聡
- 日本破滅論　藤井聡　中野剛志
- 日米同盟vs.中国・北朝鮮 アーミテージ・ナイ緊急提言　リチャード・L・アーミテージ　ジョセフ・S・ナイJr.　春原剛
- 郵政崩壊とTPP　東谷暁
- テレビは総理を殺したか　菊池正史
- 日中もし戦わば　マイケル・グリーン　張宇燕・春原剛　富坂聰
- 自滅するアメリカ帝国　伊藤貫
- 政治の修羅場　鈴木宗男
- 地方維新vs.土着権力　八幡和郎
- 特捜検察は誰を逮捕したいか　大島真生

◆経済と企業

マネー敗戦　吉川元忠
新・マネー敗戦　岩本沙弓
強欲資本主義　ウォール街の自爆　神谷秀樹
ゴールドマン・サックス研究　世界経済崩壊の真相　神谷秀樹
黒字亡国　対米黒字が日本経済を殺す　三國陽夫
石油の支配者　浜田和幸
金融工学、こんなに面白い　野口悠紀雄
定年後の8万時間に挑む　加藤　仁
人生後半戦のポートフォリオ　水木　楊
霞が関埋蔵金男が明かす「お国の経済」　髙橋洋一
臆病者のための株入門　橘　玲
臆病者のための裁判入門　橘　玲
企業危機管理　実戦論　田中辰巳
企業コンプライアンス　後藤啓二
ハイブリッド　木野龍逸
日本企業モラルハザード史　有森　隆

熱湯経営　樋口武男
先の先を読め　樋口武男
オンリーワンは創意である　町田勝彦
明日のリーダーのために　葛西敬之
インド　IT革命の驚異　榊原英資
東電帝国　その失敗の本質　志村嘉一郎
サイバー・テロ　日米vs.中国　土屋大洋

＊

エコノミストは信用できるか　東谷　暁
エコノミストを格付けする　東谷　暁
生命保険のカラクリ　岩瀬大輔
日本経済の勝ち方　太陽エネルギー革命　村沢義久
資産フライト　山田　順
団塊格差　三浦　展
ポスト消費社会のゆくえ　辻井　喬　上野千鶴子
いつでもクビ切り社会　森戸英幸
自分をデフレ化しない方法　勝間和代
JAL崩壊　日本航空・グループ2010

ユニクロ型デフレと国家破産　浜　矩子
もし顔を見るのも嫌な人間が上司になったら　江上　剛
就活って何だ　森　健
ぼくらの就活戦記　難関企業内定者40人の証言　森　健
出版大崩壊　電子書籍の罠　山田　順
さよなら！　僕らのソニー　立石泰則
修羅場の経営責任　国広　正
日本人はなぜ株で損するのか？　藤原敬之
日本国はいくら借金できるのか？　川北隆雄
ビジネスパーソンのための契約の教科書　福井健策
ビジネスパーソンのための企業法務の教科書　西村あさひ法律事務所編

(2012. 11) C